近代人文社会科学译著 3

熊月之 主编

上海科学技术文献出版社
Shanghai Scientific and Technological Literature Press

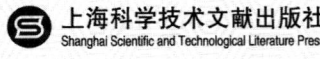

图书在版编目（CIP）数据

近代人文社会科学译著 . 3 / 熊月之主编 . —上海：上海科学技术文献出版社，2021
ISBN 978-7-5439-8265-9

Ⅰ . ① 近…　Ⅱ . ①熊…　Ⅲ . ①社会科学—西方国家—近代—文集　Ⅳ . ① C53

中国版本图书馆 CIP 数据核字 (2021) 第 016818 号

策划编辑：张　树
责任编辑：王　珺
封面设计：留白文化

近代人文社会科学译著 . 3
JINDAI RENWEN SHEHUI KEXUE YIZHU. 3
熊月之　主编
出版发行：上海科学技术文献出版社
地　　址：上海市长乐路 746 号
邮政编码：200040
经　　销：全国新华书店
印　　刷：常熟市人民印刷有限公司
开　　本：889mm×1194mm　1/32
印　　张：10.5
版　　次：2021 年 3 月第 1 版　2021 年 3 月第 1 次印刷
书　　号：ISBN 978-7-5439-8265-9
定　　价：98.00 元
http://www.sstlp.com

近代人文社會科學譯著選輯（1807—1919）序言

熊月之

一

人文社會科學，包含人文學科與社會科學兩類。〔一〕

〔一〕人文學科之所以稱『學科』而不稱『科學』，因爲通常所説的科學（science），主要指以物爲研究對象、可以通過實驗進行驗证的自然科學，而人文學科則以人爲研究對象，具有個别、私人、主觀性質，無法驗证。自然科學與人文學科處於比較的兩端，差异較大，而社會科學與自然科學之間，差异較小，且在取向、知識生産模式、研究方法等方面，較爲接近。人文學科與自然科學的區别，也表現在分析和解釋方向：自然科學從多樣性、特殊性、復雜性、偶然性走向統一性、一致性、簡單性和必然性；相反，人文學科則突出獨特性、意外性、復雜性和創造性。它們屬於不同的思維能力，使用不同的概念、不同的語言形式進行表達。自然科學是理性的産物，使用事實、規律、原因等概念，並通過客觀語言溝通信息；人文學科是想象的産物，使用現象與實在、命運與自由意志等概念。所以稱『學科』而不稱『科學』，更爲突出人文學科的特質。參見《簡明不列顛百科全書》（第6卷），北京：中國大百科全書出版社，1986年，第761頁；李醒民《知識的三大部類：自然科學、社會科學和人文學科》，《學術界》2012年第8期。

學科分類在不同歷史時期、不同語境下並不相同，標準、方法也見仁見智。近代以來，學術界逐漸傾向於將人類知識分爲三大部類，即自然科學、社會科學與人文學科。自然科學以自然即客觀的物質世界作爲研究對象，包括數學、物理學、化學、天文學、地學（地理學、地質學、氣象學）與生物學等；社會科學以人類社會作爲研究對象，涵蓋經濟學、政治學、法學、社會學、行政學、教育學、倫理學等；人文學科以人爲研究對象，探尋人的生存及其意義、人的價值及其實現，涉及語言學、文學、歷史學、哲學、藝術等。

本書選輯起止時間爲1807—1919年。

衆所周知，中國近代史的起止時間，亦即中國近代史的研究對象，是從1840—1949年，因爲這百餘年的中國，是相對完整的近代形態，是一個完整的歷史時期。但是，近代西方人文社會科學在中國翻譯、傳播的歷史，與中國近代歷史的進程並不完全同步。

首先，起步更早。1807年，基督教新教傳教士、英國人馬禮遜來到澳門，然後進入廣州，拉開新一輪西學傳播序幕。稍後英國傳教士米憐、德國傳教士郭實臘等，絡繹東來。他們在馬六甲、新加坡、巴達維亞等地，開學校，辦印刷所，在當地華僑中傳播西學。他們所出版的涉及人文社會科學知識的書籍雖然不很多，但這些西學知識，與鴉片戰爭以後傳入中國的西學知識屬於統一整體，也是後者之先聲。

其次，心態轉變也早。近代中國讀書人、思想界對於以歐美爲中心的西方人文社會科學，有個從仰視到平視的轉變過程，其轉折點便是第一次世界大戰。1914—1918年，發生在帝國主義國家之間的世界大戰，有三十多個國家、15億人口卷入，傷亡人員三千萬，經濟損失難計其數。這一殘酷現實，讓中國讀書人、思想界明白，西方科學並不萬能，人類社會的演變，並不總是沿着進步的方向直綫上昇。巴黎和會上西方列强對於中國主權的無視與陵轢，更讓中國人明白，世界上並不存在什麽平等對待弱者的『公理』。這種世界性的倒退與不公，促使東西方有識之士更加深刻地思考人類的未來，更加理性地思考東西方文化的價值。此後，西方人文社會科學在中國讀書人、思想界那裏，盡管仍然是最爲重要的文化資源之一，但已從至高無上的峰頂跌落下來，成爲與東方文化等量齊觀的一端。

這是本書將下限斷爲1919年的主要原因。

二

在介紹近代西方人文社會科學在中國傳播之前，有必要先回溯一下明末清初那段時間這方面的情況。

明末清初，利瑪竇、艾儒略、南懷仁等耶穌會傳教士編寫、或與徐光啓、李之藻、楊廷筠等人合譯的一批西學書籍，其中有十多部較多涉及人文社會科學内容，如《西國記法》(1595)、《職方外紀》(1623)、《西學凡》(1623)、《靈言蠡勺》(1624)、《西儒耳目資》(1625)、《治平西學》(約1629)、《修身西學》(1630)、《名理探》(1631)、《童幼教育》(1632)、《西方問答》(1637)、《齊家西學》(崇禎年間)、《坤輿全圖》與《坤輿圖説》(1674)、《窮理學》(1683)等，這些書對歐洲的哲學、政治學、經濟學、教育學、文學、歷史學、地理學等方面的知識有所介紹。

比如，傳汎際和李之藻合譯《名理探》，介紹了『愛知學』即哲學的含義。南懷仁編《窮理學》，介紹邏輯學的功用，稱窮理學『爲百學之宗』，爲『訂非之磨勘，試真之礪石，萬藝之司衡，靈界之日光，明悟之眼目，義理之啓鑰，爲諸學之首需者也。』〔一〕高一志著《治平西學》，爲最早漢譯西方政治學著作，分別從王公、群臣、兆民的行爲準則，説明何者爲宜、何者應戒，還介紹了世界上的三種政體形式：『一曰一人且王之政；二曰數人且賢之政；三曰衆人且民之政是也。』〔二〕艾儒略譯《職方外紀》，對歐洲教育制度包括學制、課程設置、考試方式均有所介紹。高一志著《修身西學》，述及西方倫理學知識，包括修身目的、修身憑藉與修身方法，主旨在於指明人類通過修德以確保自身行動的善，從而獲得美好，達到幸福境界。天啓年間出版的《況義》，是《伊索寓言》在中國傳播的第一個譯本。

明末清初西方人文社會科學在中國的傳播，傳播主體是利瑪竇等傳教士，中國學者徐光啓等參與譯述潤色，所傳內容從總體上説，比較零碎，不成系統，所譯編成書籍印數較少，傳播範圍較小，很多內容只是在少量學者中流傳。但是，他們所傳許多知識，開啓了近代西學東漸的先河，如地圓説、五大洲説、腦主記憶説；所創譯的諸多名詞，也被近代沿用，如亞細亞、歐羅巴、大西洋、地中海、自鳴鐘、天主等。他們以『理學』翻譯哲學，一度被近代學者沿用。

〔一〕南懷仁：《進呈窮理學書奏》，徐宗澤：《明清間耶穌會士譯著提要》第192頁，中華書局，1989年。

〔二〕高一志：《治平西學》，載黃興濤、王國榮編《明清之際西學文本》第2冊，中華書局，2013年，第614頁。

三

近代西方人文社會科學在中國翻譯、傳播的歷史，可以分爲五個階段，即1807—1842年、1843—1860年、1861—1900年、1901—1911年、1912—1919年。

第一階段，從1807年至1842年。

17世紀末18世紀初，因宗教禮儀問題，在清朝政府與羅馬教廷之間、中國耶穌會與羅馬教廷之間、耶穌會與其他天主教會之間，出現嚴重分歧。羅馬教廷要求在華天主教徒不得祭祖、不得拜孔。康熙皇帝表示，中國祭祖敬孔，不過是一種崇敬的禮節，並無宗教性質，如果來華西人，不能像利瑪竇那樣對祭祖敬孔持尊重態度，斷不準在中國居留、傳教。雙方交涉多次，不得要領。1717年（康熙五十六年），康熙皇帝下令禁止天主教在華活動。此後，天主教在華再次步入低谷。雍正、干隆等朝，又相繼頒佈禁止天主教的命令。1773年（干隆三十八年），因宗教内部紛争，羅馬教廷下令解散耶穌會，兩年後命令傳到中國，耶穌會正式解散。至此，自晚明開始在中國活動二百年的耶穌會，終於告一段落。西學傳播的細流亦因此截斷。

1807年，英國基督新教傳教士馬禮遜，受倫敦會委派，從英國經美國輾轉來到澳門，進入廣州，以後在廣州、澳門及南洋各地，進行傳教與西學傳播活動。稍後，英國傳教士米憐、楊威廉，美國傳教士裨爲仁、雅裨理、裨治文，德國傳教士郭實臘等，絡繹東來。他們在馬六甲、新加坡、巴達維亞等地，開學校，辦印刷所，出版《聖經》等宗教讀物，也在當地華僑中傳播西學。所出版的涉及人文社會科學方面的書籍有十來種，包括《生意公平聚益法》（1818）、《西游地球聞見略傳》（1819）、《地理便童略傳》（1819）、《東西史記和合》（1829）、《大英國統志》（1834）、《美理哥合省國志略》（1838）、《古今萬國綱鑒》（1838）、《萬國地理全集》（1838）、《制國之用大略》（1839）、《貿易通誌》（1840），所出版刊物《察世俗每月統記傳（1815—1821）》《特選撮要每月紀傳（1823—1826）》《東西洋考每月統記傳（1833—1838）》，都含有豐富的西方經濟學、歷史學、地理學知識。

比如，《生意公平聚益法》，介紹人們相互之間進行貿易應該遵循的基本法則，《地理便童略傳》對世界主要地區與國家均有介紹，對英國、美國政治制度、司法制度介紹較爲具體。《古今萬國綱鑒》，凡244頁，分20册，是鴉片戰争以前介紹世界歷史知識最爲詳盡的一部書。《貿易通誌》較爲翔實地介紹了西方的商業制度，魏源在《海國圖志》中，對許多國家的貿易、商業的介紹資料採自此書。《大英國統志》《美理哥合省國志略》分别翔實地介紹了英國、美國的國情。

再如，《察世俗每月統記傳》所載《論有羅巴列國》《論亞西亞列國》《論亞非利加列國》《論亞默利加列國》《法蘭西國作變復平略傳》等文，介紹歐洲、亞洲、美洲等地地理、歷史知識，介紹了法國的歷史。還在1821年，便介紹了剛剛立國45年的美國，稱其面積寬大，盛産各物，港口衆多，人口增加很快，且有智有力，預料其日後必爲美洲最大國家。〔一〕《東西洋考每月統記傳》所載《通商》《貿易》《公班衙》等文，

〔一〕《論亞默利加列國》，《察世俗每月統記傳》卷七，道光元年。

介紹西方通商理論，認爲通商貿易對商人、人民、國家都有好處，强調通商貿易要篤實誠信，不可食言行騙。

鴉片戰爭以前，中國還没有被英國打敗過，中西關係還比較平等，傳教士在介紹西方情況時，心態還不是那麽傲慢，所以，行文常用對話體，以中國人習慣的説書形式出現。爲了迎合中文讀者心理，作者論述問題，每每先引一段中國古代聖賢的語録或故事，然後進行中西比較，説明東方西方，心同理同。這種表達方式，類似於明末清初耶穌會士，而不同於鴉片戰爭以後傳教士那種居高臨下姿態。

第二階段，從1843年至1860年，即五口通商時期。

在1840年至1842年的中英鴉片戰爭中，清朝政府戰敗，被迫與英、美、法等國簽訂不平等的《南京條約》、《望厦條約》和《黄埔條約》，被迫割讓香港給英國，開放廣州、福州、厦門、寧波、上海作爲通商口岸，允許外國人在這些口岸傳播宗教、開設學堂、開辦醫院。於是，傳教士便將活動基地從南洋遷到中國東南沿海，開始了晚清西學傳播史上的新階段。這一階段，通商口岸成爲傳播基地。此前，傳教士的活動局限於南洋一帶，西學書刊雖亦能傳至中國大陸，其所辦學校中也有華人，但畢竟水路迢迢，對中國内地影響有限。五口通商後，麥都思、雅裨理、慕維廉、艾約瑟等傳教士以這些地方爲基地，辦學校，出書刊，進行各種西學傳播活動，東南沿海遂成中國率先接受西學影響的地區。傳教士所出版《聯邦志略》(1846)、《格物窮理問答》(1851)、《地理全志》(1853)、《大英國志》(1856)、《地球説略》(1856)、《地理略論》(1859)等書籍，《中西通書》(1853—1860，年鑒)、《遐邇貫珍》(1853—1855)、《六合叢談》(1857—

1858）等雜誌，包括豐富的歷史學、地理學、經濟學知識，也有一些哲學、文學知識。

比如，《遐邇貫珍》所載《花旗國政治制度》一文，不但介紹了美國的總統選舉制、立法、司法、行政、聯邦及各州之組織，還將英、美政治制度作了比較，認爲各有利弊。再如，慕維廉譯編的《大英國志》與《地理全志》，都是超過三百多頁的大書，前者翔實地介紹了當時世界上最强大的帝國英國的歷史與現實，後者比較宏觀地介紹了世界地理知識。

這一時段，傳教士忙於在通商五口進行傳教活動，出版宗教讀物繁多，所出人文社會科學書籍較少，十來種而已，但是這些書刊在中國士紳中還是産生了比較廣泛而重要的影響。魏源編《海國圖志》，廣泛徵引了《地球圖説》等西書；徐繼畬撰《瀛寰志略》，直接得益於雅裨理等人的西書資料；王韜、管嗣復參加了一些西書與雜誌的譯編，受到這些知識的深刻影響。王韜日後出版《西學輯存六種》，頗得益於他在墨海書館協助偉烈亞力等人的西學熏陶，管嗣復則將其西學知識轉述給其老師馮桂芬，促成馮桂芬名著《校邠廬抗議》的誕生。《聯邦志略》《地理全志》《地球説略》等書還傳到了日本，並有日譯本行世。

第三階段，1860年至1900年。

1856年至1860年，英國、法國在美國、俄國等支持下，發動了侵略中國的第二次鴉片戰爭。中國再次慘敗。侵略者逼迫清朝政府先後簽訂了《天津條約》（1858）、《北京條約》（1860）等一系列不平等條約。通過這些條約，外國侵略者從中國勒索了大筆戰爭賠款，取得了一系列侵略特權。其中，與西學傳播密切相關的有：一、增開11個通商口岸，即天津、牛莊、登州、臺南、潮州、瓊州、鎮江、南京、九江、漢口、淡水。後來實際開埠時，牛莊改爲營口，登州改爲煙臺，潮州改爲汕頭。條約規定，外國人可以在這些通商口岸居住、賃房、買屋、租地起造禮拜堂、醫院、墳塋等。二、傳教自由。三、外國人可到中國内地各處遊歷、通商，中國政府應提供方便。四、開放長江。這樣，加上先前割讓的香港，開放的五口，中國被迫對外開放的城市達17個。外國人可以在南起廣州、厦門，中經上海、煙臺，北至天津、營口，東起上海、南京，沿江西上，直到中國内地，這樣廣闊的範圍裏自由活動。其結果，加强了西方列强對中國的政治侵略、經濟掠奪，也便利了他們對中國的文化滲透。

在清政府方面，以咸豐皇帝去世、辛酉政變發生、慈禧太后掌權爲轉折點，中國對外對内政策有了重大調整。總理各國事務衙門的設立，京師同文館、上海廣學會的創辦，以學習西方堅船利砲、聲光化電爲重要内容的洋務運動的開展，江南製造局等機構的設立，中國向歐洲、美洲與日本等地駐外使臣的派出，聖約翰大學等衆多教會學校的創辦，都對西學傳播産生了重要影響。1894年發生的中日甲午戰爭，中國再次慘敗，激起變法思潮高漲，維新運動發生，更推動了西學傳播的高漲。

這一階段，譯介西學方面，有兩支力量同時發力，即清政府官辦機構與教會機構，前者以京師同文館、江南製造局翻譯館爲其著者，後者以設在上海的以基督新教傳教士爲主的廣學會最爲突出，天主教耶穌會設立的土山灣印書館也貢獻甚多。

這一階段，所出版的人文社會科學譯著，數量較前大爲增多，約130種，超過以往約三百年所出同類書籍總數。内容也更加厚實系統，有適應瞭解國際形勢與外國情況需要的《萬國公法》(1864)、《歐洲史略》(1886)、《希臘志略》(1886)、《羅馬志略》(1886)、《四裔編年表》(1874)、《萬國史記》(1880)、《法國律例》(1880)、《萬國通鑒》(1882)、《八星之一總論》(1892)、《各國交涉公法論》(1898)、《歐羅巴通史》(1900)等；有介紹外交常識的《星軺指掌》(1876)、《公法便覽》(1877)、《公法會通》(1880)；有介紹西方歷史、哲學、經濟學基礎知識的《佐治芻言》(1885)、《西學略述》(1886)、《辨學啓蒙》(1886)、《富國養民策》(1886)、《地球一百名人傳》(1898)；有適應變法需要、介紹外國變法的書籍《自西徂東》(1884)、《列國變通興盛記》(1894)、《泰西新史攬要》(1895)、《文學興國策》(1896)；有爲變法運動提供理論支撑的《天演論》(1898)、《民約通義》(1898)；有爲教育變革提供學術資源的《西國學校》(1873)、《肄業要覽》(1882)、《七國新學備要》(1888)、《教育學綱要》(1899)；有合哲學與心理學爲一體的《心靈學》(1889)、《治心免病法》(1896)。《格致匯編》刊載傅蘭雅所作的《混沌説》(1877)，概略地叙述了當時中國還不大有人瞭解的生物進化論觀點。廣學會出版的李提摩太翻譯的《百年一覺》(1894)，原爲美國空想社會主義小説，影響極廣。同爲廣學會出版的《大同學》(1899)，第一次向中國人介紹了馬克思及其學説。

第四階段，1901年至1911年。

1898年的戊戌政變，1900年的八國聯軍侵略中國之役，使清朝政府的威信跌到最低點，中國國際、國内形勢均發生巨大變化。一方面，愛國人士、知識分子失望到極點，革命風潮因之而生，留日熱潮驟然而起。另一方面，清政府實行新政，鼓勵工商，廢除科舉，改革學制，繼而宣佈預備立憲。這兩方面都亟需西學（新學）資源。在這兩方面因素的共同作用下，西方人文社會科學在中國的傳播，呈井噴之勢，從内容到方式、從數量到質量都有巨大變化。

此前，西學知識主要由翻譯英、法等西書而來。1900年以後，由日本轉口輸入西學數量急劇增長，日本成爲西學輸入主要來源地。從1900年到1911年，中國通過日文、英文、法文共譯各種西書至少有1599種〔一〕，遠遠超過此前90年中國譯書的總數。從1902年至1904年，共譯西書533種，其中日文書籍達321種，占總數的60%。

在繁多的中譯西書中，人文社會科學比重加大。以1902年到1904年爲例，三年共譯文學、歷史、哲學、經濟、法學、政治學等人文社會科學書籍327種，占譯書總數的61%。同期翻譯自然科學書籍112種，應用科學56種，分别只占譯書總量的21%和11%。〔二〕所占比重從多到少的順序爲人文社會科學→自然科學→應用科學，與之前幾十年的情形正好相反。京師大學堂從1898年到1911年翻譯、出版西學教科書有六十餘部一百多册，其中人文社會科學類占62%。〔三〕這表明當時西學輸入的重心，已從器物技藝等物質文化層面轉到思想、學術等精神文化層面。

〔一〕見拙著：《西學東漸與晚清社會》（修訂本），中國人民大學出版社，2011年，第11頁。

〔二〕以上數據均見拙著：《西學東漸與晚清社會》（修訂本），第11頁。

〔三〕範軍：《歲月書痕》，華中師範大學出版社，2017年，第165頁。

就内容而言，這一階段所譯人文社會科學書籍，舉凡哲學、文學、歷史、經濟、法學、政治學等各學科，都有頗成規模的系統譯作。

哲學方面，概論性譯作就有9部，如井上圓了著、羅伯雅譯《哲學要領》（1902），德國科培爾著、下田次郎述、蔡元培譯《哲學要領》（1903），井上圓了著、王學來譯《哲學原理》（1903）；邏輯學譯作18部，如楊蔭杭譯《名學》（1902），清野勉著、林祖同《論理學達恉》（1902），十時彌著、田吴炤譯《論理學綱要》（1902）、嚴復譯《穆勒名學》（1905），大西祝著，胡茂如譯《論理學》（1906），英國耶方斯著、王國維譯《辨學》（1908），法國孟德福著、李問漁譯《名理學》（1908）。其他哲學著作（含哲學家介紹、各國哲學、哲學史）9部，如蟹江義丸著、範迪吉等譯《西洋哲學史》（1903）、姉崎正治著、範迪吉等譯《宗教哲學》，井上圓了著、蔡元培譯《妖怪學講義録（總論）》（1906）；心理學譯作21部，如元良勇次郎著、王國維譯《心理學》（1902），長尾槙太郎著、蔣維喬譯《心理學》（1906）等；倫理學譯作10部，如元良勇次郎著、麥鼎華譯《倫理學》（1902）、德國泡爾生著、蔡元培譯《倫理學原理》（1909）；教育學46部，如立花銑三郎述、王國維譯《教育學》（1901），能勢榮著、葉瀚譯《泰西教育史》（1901）。清末一度流行哲學救國論，一批學者認爲救國應先救其人，救人應先救其心，救心應先救其學，而救學則應從譯介西方哲學始。因此，舉凡古希臘、羅馬哲學，西方近代哲學，以及重要哲學家生平及其學説，幾乎無一不被譯介。

文學作品翻譯更是繁盛一時，内以小説最多。據研究，從1901—1911年，中國共翻譯域外小説547

部，散文集22部，戲劇1種[一]。對英、美、法、俄、德、日、荷蘭、奧地利、瑞士、希臘等國文學作品均有翻譯，内以英、法、日三國最多。英國的莎士比亞、笛福、斯威夫特、哈葛德、柯南道爾、司各特、哈代、拜倫、狄更斯、斯蒂文森等，法國的小仲馬、雨果、大仲馬、朱力士、迦爾威尼，美國的斯土活夫人、布萊特夫人等人作品都有翻譯。譯自英國的，僅林紓就與人合譯哈葛德《迦因小傳》和《鬼山狼俠傳》等20種，柯南道爾《歇洛克奇案開場》等7種，司各特《撒克遜劫後英雄略》等3種，斯蒂文森《新天方夜譚》等。同是柯南道爾作品，就有周桂笙、林紓和魏易、陳家麟、包天笑等人投入翻譯。譯自法國的有，林紓與他人合譯的《巴黎茶花女遺事》《賂史》，薛紹徽譯的《八十日環遊記》，包天笑譯的《鐵世界》，朱樹人譯的《穡者傳》和《冶工軼事》，陳春生譯的《獄中花》，梁啓超等譯的《十五小豪杰》，魯迅翻譯的凡爾納小説《月界旅行》。從1899年到1911年，從日本翻譯過來的小説有55種，其中1907年就翻譯了11部，内有《佳人奇遇》《經國美談》《謀色圖財記》《美人島》《世界一周》等。[二]

歷史學方面，比較重要的有102部，其中通史14部，如作新社出版的《萬國歷史》(1902)、支那翻譯會社的《萬國史綱》(1903)、杭州史學齋的《萬國史要》(1903)、上海通社的《世界通史》(1903)、山西

[一] 鄧集田：《中國現代文學的出版平臺—晚清民國時期文學出版情況統計與分析(1902—1949)》，華東師範大學博士論文，2009年，第502—512頁。

[二] 汪帥東：《晚清日本文學翻譯研究》，《當代外語教育》，2018年，第2輯。

大學堂譯書院的《邁爾通史》(1905)、江楚編譯官書局的《萬國史略》(1906)。其中英國李思倫白著、蔡爾康等譯編的《萬國通史》，規模最爲宏大，凡30卷，相繼於1900、1904、1905年由廣學會出版。地區史、國別史52部，如東亞譯書會《歐羅巴通史》(1900)、金粟齋《西洋史要》(1901)、商務印書館《亞美利加洲通史》(1902)、文明書局的《泰西通史》(1903)等，還有英、美、德、法、日等國歷史。變政史、維新史、獨立史17部，如作新社的《英國維新史》(1903)、文明書局的《佛國革命戰史》(1903)、商務印書館的《美國獨立戰史》(1911)，還有關於意大利、菲律賓、希臘、印度等國獨立或變革史。其他專史5部，如開明書店的《近世海戰史》(1903)、文明書局的《世界女權發達史》。人物傳記14部，包括華盛頓、拿破侖、彼得大帝、俾斯麥等個人傳記，還有世界名人、歐洲政治學家、日本維新志士等合傳。

政治學方面，比較重要的譯編有29部，其中政治學概論性的譯作，有高田早苗講述、嵇鏡譯《國家學原理》(1901)，德國伯倫知理原著、梁啓超譯《國家學綱領》(1902)，德國那特硜著、馮自由譯的《政治學》(1902)、戢翼翬等譯《那特硜政治學》(1901)，市島謙吉著、麥曼蓀譯《政治原論》(1902)，美國伯蓋司著、楊廷棟譯《政治學》(1904年以前)；政治學理論譯作有英國斯賓塞著作、楊廷棟譯《原政》(1902)，法國盧梭著、楊廷棟譯《路索民約論》(1902)，浮田龢民著、出洋學生編輯所譯《帝國主義》(1902)，西川光次郎著，周子高譯《社會黨》(1902)，馬君武譯《彌勒約翰自由原理》(1903)，幸德秋水著、中國達識社譯《社會主義神髓》(1903)，村井知至著、侯士綰譯《社會主義》(1903)，加藤弘之著、陳尚素譯《人權新説》(1903)，福井準造著、趙必振譯《近世社會主義》(1903)，英國甄克思著、嚴復譯《社會通詮》(1904)

等。介紹各國政治態勢的有《萬國政治叢考》《最新萬國政鑒》《最新萬國政治制度》《萬國國力比較》《歐美政教紀原》《十九世紀末世界之政治》《美國民政考》等。

經濟學方面，1901年至1911年出版譯作23部。其中，嚴復翻譯的《原富》出版，是西方經濟學經典著作首次完整譯出。1902年，《欽定學堂章程》規定，今後學制三年的高等學堂政科，必須設立『理財學』即經濟學課程，這促進了西方經濟學說引進與傳播。此後，楊廷棟編《理財學教科書》、天野爲之著《理財學綱要》、商務印書館出版的田尻稻次郎著《理財學精義》，均列爲中小學理財學教材。1906年至1908年，政治經濟社等機構出版了《公債論》《租稅論》《紙幣論》《貨幣論》《財政學》《計學》《比較財政學》等多種屬於經濟學分支的著作。

法學方面，這一階段譯作特多。從1901年至1911年，共譯法學書籍263種[一]，是晚清社會科學中譯書最多的學科。1902年，清廷命沈家本等遴選諳習中西律例司員分任纂輯，延聘東西各國精通法律之博士、律師以備顧問，復調取留學外國卒業生從事翻譯。於是，清政府有計劃地翻譯大量法律書籍。民間譯書機構或出於社會需求，或出於牟利目的，也翻譯了大批法學書籍。從國際公法、國際私法，民法、刑法、民事訴訟法、刑事訴訟法、行政法，應有盡有。不但一般性的介紹法學原理、法學流派、國際法的著作都有介紹，而且各種具體法規法制，如警察學、監獄學，也很豐富。有的同一種著作有多種譯本，

[一] 田濤、李祝環：《清末翻譯外國法學書籍評述》，《中外法學》，2000年，第3期。

單1903年，《國際私法》就有4種譯本，《國法學》有5種譯本，《法學通論》有6種譯本。1904年至1909年，清政府爲適應法律改革需要，由修定法律館主持審定，翻譯了一大批刑法、民法方面的書籍，包括德國、法國、美國、意大利、日本等國刑法、民法多方面具體法規。1906年以後，中國地方自治聲浪日高，與地方自治相關的自治法規、地方性法規書籍翻譯頗多，諸如《地方自治論》《英國地方政治》《歐洲大陸市政論》《日本府縣制郡制要義》，與地方自治相關的警察書籍翻譯尤多，諸如《最近警察法教科書》《德國警察法》《警察全書》《警察學》《偵探學》。這些書主要自日文譯出，法律也以日本爲多。這一時期引進日本法律最爲全面的一部書籍，即《新譯日本法規大全》，由張元濟、劉崇杰等翻譯，內容相當廣泛，對清末法制改良有着重大影響。

第五階段，1912—1919年。

隨着清廷覆滅，中華民國建立，政治建設、法制建設、公民道德建設等任務提到人們面前，這些方面的譯介著作也隨之增多。與政治建設、法制建設有關的譯作主要有：同是英國莫安仁著、許家惺譯的《英國立憲鑒》(1912)、《英議院權力發達史》(1912)，英國布賴斯著、孟昭常譯《平民政治》(1912)，美國麥萊著、陳其鹿譯的《美國民主政治大綱》(1912)，美國約翰·温澤爾著、楊錦森、張萃農譯的《美法英德四國憲法比較》(1913)，日本田中萃一郎著、畢厚譯《歐美政黨政治》(1913)，美國黎卡克著、梁同譯的《政府論》(1914)、法國路易·普羅爾著、高仲和譯的《政治辨惑論》(1914)，日本齋藤隆夫著、姚大中譯的《比較國會論》(1917)。東方法學會譯編法律要覽叢書多種，由泰東書局出版，包括《民法要覽》《民事訴訟法要覽》《商法要覽》《刑法要覽》等，影響廣泛。

有關公民道德建設的譯作甚多，諸如《國民道德談》(1915)、《道德之研究》(1915)、《品性論》(1916)《泰西改良社會策六章》(1917)、《新道德論》等。其中，英國著名道德學家斯邁爾斯（S. Smiles，1812–1904）多種著作被多次翻譯，包括《勤儉論》(1914)、《克己論》(1915)、《職分論》(1917)，葉農生、蔣方震、秦同培等均參與譯事。第一次世界大戰爆發以後，有一批與戰爭有關的譯作問世，如《德意志戰論》《開戰時之德意志》《美國總統威爾遜參戰演説》《革命心理》《國際同盟論》。

這一階段，馬克思主義、無政府主義書籍的譯介也有一些，包括1912年施仁榮翻譯恩格斯的《理想社會主義與實行社會主義》，是馬克思主義經典文本在中國早期傳播較爲完整的譯本，是恩格斯的著作《社會主義從空想到科學的發展》在中國的第一次譯介。1919年凌霜翻譯克羅泡特金的《近世科學與無政府主義》。

這一階段，所譯哲學、史學著作，均遠較清末爲少，但文學翻譯勢頭依然很猛。1912年至1919年，共翻譯域外小説250部，散文集35部，戲劇3部[一]，涉及英、法、美、俄、德、日、西班牙、奥地利、瑞士、波蘭、比利時、丹麥等國作家，内以英、法作家所占比例爲高，英、法主要作家被譯作品與清末

[一] 鄧集田：《中國現代文學的出版平臺—晚清民國時期文學出版情況統計與分析(1902—1949)》，華東師範大學博士論文，2009年，第512—519頁。

有延續性，如英國哈葛德、柯南道爾、狄更斯，法國大仲馬、雨果等，增加較多的是美國作家華特生等人的作品，俄國托爾斯泰等人作品也陸續翻譯進來。

以上五個階段，就對中國社會影響而言，每一階段都不能忽略，各有各的影響。但綜合而言，以清末這一階段的影響，最爲廣泛而深入。數以百計的出版機構，數以千計的中譯日書，數以萬計的留日人員，難計其數的雜誌、報紙，將形形色色的西方新學轉口輸入中國。範圍之廣，數量之多，來勢之猛，是此前歷史階段也是民國初年所不可比擬的。這一階段，正是中國廢科舉、興學校的教育體制轉型期，難計其數的各門各科的新式教科書，大多是這一階段編寫的，藍本多取自日本，多取自這一階段的譯書。各門各科的辭典大量引進、編寫，無形中起着規範語言的作用。

四

近代中國被動卷入全球化浪潮之中，遭遇千古未有之變局。在此以前，中國雖然早已與外族有了關係，但那些外族都是文化較低的民族，縱使他們入主中原，到頭來也終歸爲以儒學爲核心的中國文化所化。在中國接觸的世界裏，中國以老大自居，他國也以老大尊之。但是，到了近代，情況大不一樣。中國面對的英國、美國、法國等，絶非先前的夷狄可比。這些對手，既陌生又强大，突兀而來，猝不及防。中國生産方式、生活方式、價值觀念、審美情趣、教育體系、學術體系、語言詞彙，乃至風俗習慣，無不發生深刻的變化。人文社會科學譯著，既是這一歷史變局的産物與證物，也是這一變局的助推器。

以語言詞彙而言，中國今天所用各類新詞彙，大多形成於近代。人文社會科學方面的新名詞，諸如社會、政黨、民族、階級、主義、範疇、系統、規範、唯物、唯心、主體、客體、法學、法庭、民法、刑法、金融、銀行、生産力、生産關係，都是近代出現的，而且大多是從日本移植而來。日常生活所用諸多新詞彙，也主要形成於近代。比如，以『化』字結尾的複合詞，特殊化、現代化、民族化、大衆化、自動化；以『式』字結尾的複合詞，速成式、問答式、簡易式、西洋式；以『炎』字結尾的病名，關節炎、氣管炎、腦炎、肺炎、胃炎、腸炎；以『性』字結尾的複合詞，可能性、現實性、必然性、偶然性、必要性、習慣性；以『界』字結尾的複合詞，文學界、思想界、藝術界、新聞界、出版界；以『感』字結尾的複合詞，美感、好感、惡感、情感、敏感；以『點』字結尾的複合詞，觀點、要點、焦點、重點、出發點；以『觀』字結尾的複合詞，悲觀、樂觀、人生觀、科學觀、世界觀、宇宙觀；以『論』字結尾的複合詞，一元論、宿命論、無神論、唯物論、唯心論；以『法』字結尾的複合詞，辯證法、歸納法、演繹法、綜合法、分析法。還有以『作用』『問題』『時代』『社會』『主義』『階級』等詞結尾的複合詞，心理作用、精神作用、土地問題、社會問題、舊石器時代、新石器時代、奴隸社會、封建社會、人文主義、社會主義、地主階級、農民階級。如此等等，不一而足。

新名詞如此，學科分類亦如此。以『學』字結尾的學科名，財政學、經濟學、生物學、物理學、心理學、家政學、社會學、冶金學，也都在清末定型。

近代譯介的人文社會科學，不但影響了當時的中國社會，而且業已廣泛融入中華文化傳統當中，幾乎無處不在、無時不在地體現於我們的物質文化、制度文化與觀念文化之中，體現於我們的日常生活當中。倘若不信，你且撇開此類新思想、新觀念、新學術、新詞語，寫一篇文章或者講幾句話試試！

鑒此，我們選編了這套《近代人文社會科學譯著選輯》，選擇不同歷史階段較有影響的譯著，分爲五輯，分類如下：1、人文社會科學總論與政治學；2、哲學、邏輯學、倫理學、心理學、教育學；3、歷史學、地理學、社會學、禮俗；4、法學、經濟學；5、文學、藝術、人物傳記。

鑒於嚴復所譯學術名著、林紓所譯文學著作已有多種刊本行世，本書不再收録。

《近代人文社會科學譯著選輯》第一輯第三册説明

本册收録《帝國主義》《二十世紀之怪物帝國主義》與《革命心理》三部譯作。

《帝國主義》，浮田龢民著，出洋學生編輯所譯，商務印書館1902年出版，列爲『帝國叢書』之一。

浮田龢民（1869—1946），日本熊本縣人，著名政論家、歷史學家。早年就讀於熊本洋學校、同志社英學校，1892年至1894年在美國耶魯大學留學，歸國後，先後在同志社大學、東京專門學校、早稻田大學擔任教授、圖書館館長等職，講授西洋史、政治學和社會學。長期擔任大日本文明協會編集長及《太陽》雜誌主筆，宣傳自由主義學説。著有《史學原論》《西洋上古史》《西洋中近世史》《政治學史》《政治原論》《政治道德論》《新道德論》《倫理的帝國主義》等。

『帝國主義』（imperialism）作爲政治詞彙，19世紀中葉開始出現於英國，19世紀90年代末期，日本學者將其譯爲『帝國主義』。高山樗牛、德富蘇峰與浮田龢民，被認爲是日本帝國主義成立期的三大宣傳家，共同構成日本帝國主義意識形態。1901年11月5日至11月23日，日本《國民新聞》連載浮田龢民所作《帝國主義》，同年梁啓超主編的《清議報》譯載此文，刊於第97—100册（1901年11

月11日—12月21日）〔一〕。1902年所出版的《帝國主義》，便是《清議報》這四册譯文的匯集，署名『出洋學生編輯所譯』。

出洋學生編輯所係戢翼翚等人組建。戢翼翚（1878—1908），字元丞，湖北房縣人，1896年受清政府派遣赴日本留學，1899年在東京拜見孫中山，得孫贊賞，被吸收爲興中會會員。1900年7月回國，因參與唐才常等組織的『自立軍』事件，事敗，亡命日本。與楊廷棟等創辦《譯書匯編》《國民報》等，譯載歐美政治名著，宣傳民主思想。1902年春回上海，參加蔡元培創辦中國教育會。後在孫中山支持下，與友人日本女子貴族學校校長下田歌子合作，集資在上海創設『作新社』，並設圖書局、印刷局，編印出版《東語正規》《萬國歷史》等書。1905年7月，參加清朝首次留洋畢業生考試，獲賜政治經濟科進士出身，分發外務部任主事。同年冬，隨載澤等五大臣出洋考查憲政。後因被僞造與孫中山來往書信，以『交通革命黨危害朝廷』罪逮捕，革職押解回籍，交地方官嚴加管束。1908年在武昌病逝。出洋學生編輯所係戢1902年回滬時所設，主要功能是編譯西學書籍。所編譯除了《帝國主義》，還有《西洋歷史教科書》《革命前法朗西二世紀事》《法蘭西今世史》等，多由商務印書館出版。

《二十世紀之怪物帝國主義》，幸德秋水著，趙必振譯，廣智書局1902年出版。

幸德秋水（1871—1911），日本土佐藩（今日本四國高知縣）人，本名傳次郎。1893年參加自由新聞

〔一〕孫江、陳力衛主編：《亞洲概念史研究》第2卷，商務印書館，2018年，第259頁。

社，開始新聞記者生涯。1898年參加社會問題研究會。1901年參與創立社會民主黨。1903年，日俄戰争前夕，組織平民社，創辦《平民新聞》，從事反戰活動。1905年逃亡美國，接近無政府主義者，1906年回國。1910年5月，被日本當局以捏造的所謂陰謀暗殺天皇的罪名逮捕，1911年初被處絞刑。這次事件中，共24人被判死刑，後來實際執行的有12名，排在第一位的是幸德秋水。這就是著名的『大逆事件』。所著除了《二十世紀之怪物帝國主義》，還有《社會主義神髓》等，譯有《共産黨宣言》。

《二十世紀之怪物帝國主義》，1901年4月出版，是幸德秋水第一部正式出版的著作。凡五章，着重批判資本主義列强的帝國主義政策，指出其結果必然導致帝國主義戰争，使大多數人民遭受灾難，救治的辦法只有實行社會主義。書中還指出，盲目的『愛國心』是統治階級用以達到其野心的一種手段。這些論述均富獨特見解和預見性。

譯者趙必振，參見本書第二册《近世社會主義》介紹。

書前有吴保初所作序言。吴保初（1869—1913），字彦復，號君遂，晚號癭公，人稱北山先生，安徽廬江人。淮軍將領吴長慶之子。曾任刑部山東司主事，改貴州司。爲人慷慨，思想維新。1900年後棄官居上海，因唐才常等人發起的『自立軍』事受牽連，逃亡日本。事平後回上海。著有《北山樓集》《詩友緒餘》《未焚草》等。

《革命心理》，黎朋著，杜師業譯，吴福同增訂，商務印書館1918年出版。

黎朋（Gustave Le Bon，1841–1931，今譯古斯塔夫·勒龐），法國社會心理學家、社會學家，群體心理學的創始人。初習醫，獲醫學博士學位後，遊歷歐洲、北非和亞洲，興趣轉向，撰寫有關人類學和考古學著作多部。日後邊行醫，邊研究群衆心理學，所著《烏合之衆：大衆心理研究》《各民族進化的心理學規律》《戰爭心理學》等，强調民族特點與種族優越性，被譯成多種語言，影響甚大。《革命心理（Psychology of revolution）》，普特南（G.P.Putnam' s Sons）出版社1913年出版，凡三篇，是一部試圖刻畫法國大革命期間各色人群心路歷程的著作。其對政治、社會行爲心理的特殊分析方法，對世人瞭解法國大革命及其相關的政治、社會活動，别具一功。

杜師業（1879—1929），浙江青田人，字冠卿，1902年赴日留學法律，清末法科舉人，浙江公立法政學堂教授，青田縣知事。民國初年任國會衆議院議員，財政部秘書官，《時事新編》主編。所譯《革命心理》，係據日譯本轉譯，由吴福同據英譯本加以增補。吴福同，似爲浙江嘉興人，早年入上海南洋公學，畢業後在上海一醫學出版社從事編譯工作，其子即著名數學家吴文俊。

《革命心理》列爲尚志學會叢書之一。尚志學會是梁啓超、林長民、張東蓀等人聯合創立的學術團體，旨在引進西方文化。尚志學會叢書從1918年開始出版，到1935年共出書41種，涉及宗教、哲學、歷史學、教育學、圖書館學等。

帝國叢書

帝國主義

帝國叢書

帝國主義

出洋學生編輯所編

上海商務書館印行

帝國叢書

帝國主義

譯日本浮田和民原著
出洋學生編輯所編

帝國主義、近頃政治家實業家愛國者、凡百士庶、說不離口之名詞也、歐美之論壇、討論研究之不遑、我國之新聞記者亦以爲議論之好題目、然僅以帝國主義四字、爲一個趨時之名詞、不包含人類文明之大事實、則吾人亦無須索枯腸絞腦漿而研究之、蓋帝國主義者、非趨時之談話、又非新聞雜誌之新題目、其主義更非由平民主義反動而出、僅現於一時、自國家之利害禍福、及人類進化之大局而觀、皆爲嚴明重大之一事也、

帝國主義、非獨政治上經濟上之問題、實總合人種、人口、倫理、教育、等各種之問題、而爲一大問題、非獨政治家學者新聞記者當爲研究、凡社會之人、皆當以解釋此問題爲義務、而不可袖手旁觀、則此主義者實爲國民之大問題、則國民不可不實力研究之、而爲健全之輿論、由輿論而定國是、而作國民之運動、試觀帝國主義之影響於世界各國、各增加租稅、而擴張軍備、或爲戰爭失幾多之人命、亦所不惜、此等之事、將謂不得已而然乎、抑由國民一時之暴動乎、觀此亦可知帝國主義之非等閑矣、

請先觀俄國、彼國之財政、固有陷於困難之狀、然不拘經濟界之不穩、忙向巴爾幹、小亞細亞、伸張其勢力、又對波斯、亞布坦之方面、寸退尺進、汲汲於膨脹之經營、至於對中國之政畧、則於伊犁於北滿洲、策畫無遺、大有舉國力而向此之勢、且觀俄國之太

平洋政策、蒸蒸日上、則其帝國主義之如何壯大、亦可想而知、夫俄國本帝國主義發達最早之國、更逼於近來之大勢、殆如火山熔石之溢、向亞細亞大陸而膨脹之狀、德國建國以來、雖不過三十餘年、於領地之擴張、於殖民之事業、於商業政畧、努力而欲追先進之諸大國、其皇帝則如帝國主義之化身、其宰相卑路伯亦熱心而主張此主義德國政府之大事業、非帝國主義之直接發揮、乃其反射也、於阿非利加、於小亞細亞、於南洋極東、於南美、德國之所爲、皆帝國主義之政畧、於其內國海軍之擴張、運河之開鑿、關稅之改正、無非皆帝國主義直接間接之結果也、

轉眼於英國、則現政府者、以帝國主義爲其主義者也、殖民地之統合、自此而來、南亞之戰爭、由此而起、帝國主義、非獨現政府所主張也、卽反對黨之自由黨中、羅米卑利卿、阿士欽士等、皆倡道帝國主義、英國今日之大問題、如外交問題、黨派問題、經濟問題、皆帝國主義之問題也、若以現時之英國政界、比之蘇蘭斯頓全盛之時代政治問題、全變其面目矣、

更觀北美合衆國、自華盛頓、邀化遜之理想、漸漸轉移、自蒙路之主義、一變而至麥端尼、爲帝國主義、合布哇、取喬巴、併吞非律賓、爲帝國的大運動之起點、如昨年總舉大統領、麥端尼之帝國主義、與拉旻之非帝國主義、爲大競爭、帝國主義得大勝利、本月廿七日大審院、自此以後、於共和國之憲法、破格而下帝國主義之解釋、遂有憲法上、確認美國之帝國主義、使國民正正堂堂、得實行其膨脹政策、

更觀弱國未開之地、自土耳其、中國、朝鮮、埃及各舊國、至於亞細亞阿非利加各處、皆

爲帝國主義之角逐塲、南美諸邦、及太平洋諸島、亦盡爲膨脹國民所分領、將有併吞之勢、由此觀之、則謂二十世紀爲帝國主義之時代、亦非過言、是帝國主義爲現時之大勢、可斷言也、

自歷史之初至二十世紀、人類之大運動、英雄之大舉動、多於帝國而現出、歷史之大部分、幾爲帝國興亡之實錄、於上古則有埃及、巴比倫、波斯之帝國、有亞歷山大之帝國、又有羅馬之帝國、偉觀壯景、活現於歷史上、然其後卒土崩瓦解、又成吉思汗、帖不兒之帝國、土耳其帝國、拿破崙之帝國、然亦皆無以善其後、此等諸大國之所以失敗者、在集各種之民族、於己權力之下、以國家之壓力、使爲統一、壓力强大時、雖可維持、勢力一衰、各民族之反動力一起、不得不分裂、歷史者以此等之閱歷、實致後人以不伴民族之膨脹、徒以征服侵畧、不可奠國家於磐石之安也、

又觀俳尼沙民族之膨脹於地中海黑海之沿岸、及希臘民族之廣大殖民地、彼等民族、不能爲合同强力之國家、空爲他國侵畧軍之餌而已、自此等經驗而觀、只民族之膨脹、非國家之膨脹、終必失敗、國家之健全膨脹者、與民族之膨脹、及政府之政策經營、相輔而不可離者也、

人、或以英帝國昔由放任主義而維持發達者、是決非有識之言、試觀十八世紀之歷史、英國之財力兵力、其大部分非爲帝國主義而費之乎、十八世紀之英國、自西班牙繼續戰爭、至拿破崙戰爭、爲六大戰爭、然其戰爭皆敵法國而戰爭者也、英國因何而頻與法國劇戰乎、蓋英國之帝國主義、有與法國不得不爭領土之關係也、

當時英國之帝國政畧比十九世紀尤甚、自黑人猙獰之印度山谷、至赤人咆哮之美國原野、於世界各處爲奪法國之領土、累爲激烈戰爭、是英國决非於不知不識之間、而能擴張此大版圖者也

如西班牙、葡萄牙、荷蘭、法蘭西、雖皆建設廣大帝國、實力不足維持、政策又不得其宜、民族雖曰膨脹、然帝國終陷於不得不縮少之境矣

吾人請更論帝國主義、與民族主義之關係、歷史家之論曰、封建之度、不拘人種之異同、可隨意劃地而分領、同民族而有異邦之人、異民族而有同邦之人、胡漢吳越、可得雜居、自封建之制既壞、各民族漸覺種族之界限、同族則相吸集、異族則相反撥、民族主義、遂爲人類之一大理想、意大利之同民族、德意志之同民族、遂相合而建一國、匈牙利之異民族、即自墺地利而分離、此人種自然之傾向、遂爲近世造成國民之大動力、

然以吾人之所見、則國民造成之動力、非僅同民族之吸集力而已、此外更有異民族同化力、即强力民族同化弱力民族、而抹殺其界限之力也、美國百餘年間、自大西洋岸十三州、膨脹而爲達太平洋岸之大國、自三百萬人、增至八千萬、固因民族膨脹、吸集同民族之効力、其外或買收、或併吞外國之領土、有同化異民族之力、故至此也、今日之美國收容德國愛蘭等之移民、尙綽有餘裕、非其同化力之盛、豈能爲此哉、日本之於臺灣、德國之於阿沙士路連、所行之政策、皆民族同化之事業也、

同族相吸收、同化異族、誠爲十九世紀國民運動之最大動力、然今日之帝國主義、最

可注意者、卽和合殖民帝國與征服帝國之所長、以謀國家之發達、是今日之帝國主義也、

帝國主義、固有民族主義、亦有經濟主義、故欲觀今日列强之政策、不可不注眼於民族膨脹、與經濟膨脹之二大動機、而民族主義、本屬天然、其勢力雖强大、其發達甚緩、至經濟主義、合工業制度之革命、交通機關之進步、其活動急劇、其影響結果又甚猛烈、殆使人疑今日人類之活動、無非由經濟而起、且想像帝國主義之動機、亦全由經濟而出、故考察現時之帝國主義、不可不注意於經濟之方面、離經濟則二十世紀之帝國主義、到底不能解釋、

英國之政論家耶道哇泰士氏於南亞戰爭論中、有言曰、英國爲進取或保持經濟上之利益、雖併吞他國、或惹起戰爭、亦所不辭、唯大可注意者、於占領他國、或爲保護時、其政策不可不注意於經濟上、卽其口實、亦不可不在保持增進大英國物質上之利益云云、觀此亦可知現時帝國主義之眞相矣、

於商業競爭之不劇時代、雖取自由貿易主義、以殖民地與母國有歷史習慣血族等之關係、爲母國之好市場、助經濟上之動力、雖頗盛大、如今日之競爭劇烈、不問何國、交通機關、商業機關、皆大進步、以廣價而得精良貨物、侵畧他國之商業、殆不問國境、而奪掠利益之時勢、苟能建一國者、不論何國、皆注意於經濟無國境之大勢、於是以稅關政畧而劃國境、保護內國之產業、排斥外國之商業、至以經濟上之生活、爲國家之生命、

吾人試觀自由貿易始祖之英國、其屬領加奈陀、埃及、印度等、近年大敗於德國之商法、德國日侵入英國殖民地商業之動脈內、吸收其精血、又於加奈陀大被美國商業之侵入、今日之加奈陀、自經濟上而觀、雖謂爲英國之領地、寧謂美國之屬地也、英國既於德美新進氣銳之商業國、自八方而被侵入掠奪、更以俄法兩國大築保護主義之柵欄、驅逐外國之商業、美國德國、亦高稅關之障壁、講排外自强之策、有驅英國拋擲自由貿易主義之勢、

如此自由主義之英國、近亦取保護主義、俄法德美、益講排外之商策、列國悉堅關稅之城壁、世界遂爲商業割據之時代、

以如斯保護政策相侵害、相排斥、則商業非世界之商業、有限於國內之傾向、以此之故、物產稀少之小國、需外國之品物必多、不得不陷於困難之境、至於大國則有各種之氣候、有各種之產物、地理之變化亦多、自國內各部之商業、互通有無、於經濟上可爲獨立、困難之事頗少也、

各國競取保護政策、則小國於經濟上、立於不利之地、殆有不能維持獨立之勢、遂不得已而謀領地之擴張、於是保護商業之時代、屬地殖民地等、實於國家存立上、殆有不可缺之勢、由此觀之、膨脹主義誘起保護主義、故帝國主義與保護貿易主義、有不可須臾離之關係、

帝國主義與殖民事業、決非同一、於殖民事業之外、更含種種之政畧、且殖民事業、有與帝國主義、全不相關者、如彼愛蘭人雖結伍爲羣移住於合衆國、然彼等只被吸收、

或同化於美國民族、不得結爲帝國主義、能擴張本國之勢力也、又德國年年移極多之人民於美國、然亦只失其人口、並不能膨脹國力、故今日之德國、盡己力之所及、務移民於小亞細亞、及南美之未開地、以避美國之吸收、又如中國之人、雖散布於世界各處、亦祇掠多少之金錢、或供他國之牛馬、於政治上絕無影響、此殖民之不適於帝國主義者也、然今日之帝國主義、全根原於民族之膨脹、民族不可不藉殖民而遂行、故殖民事業、終與帝國主義、有密接而不可相離之關係、

故列强爲將來得領土之故、必盡力於殖民政策、國民生息之地、必向未開之地而膨脹、以擴張本國之活動舞臺、彼傳敎師之所住、商賈人之所行、皆帝國政畧之所聯繫、故熱心於殖民地、而不遺約策之事、實自有歷史以來、未嘗有也、卽國民保護權、亦無有過於今日者、如彼英杜之戰爭、實英國於杜國之金鑛地、爲保護英民權力、以擴張其利益之故、又德國之於南美、及西尼亞之殖民地、其國民受土人之凌虐、必伺有機會之可乘、不不主張其極大之權利、增進其利益不止也、

於以前之殖民地、約自二種之勢力而發達、一則爲國民自然之膨脹力、（卽個人之經營）一則爲國家之政策、

如俄國於前數世紀間、漸伸張其勢力於東方、又美國自大西洋狹小之地、而膨脹如此廣大國土、皆先以國民自然之膨脹力而成、而後以國家之政策、以經營之者也、英國之占領印度、亦先由一公司之力、其後英國政府、承彼等事業之結果、而爲政治上及軍事上之經營也、俄國之向中央亞細亞及土耳其、而擴張版圖、亦皆熱心功名之

軍人、不受政府之命令、自負責任、征服土番、移殖本國民之結果也、更觀之黑龍江畔、俄國版圖之擴張、又非毛拉威夫個人之事業爲之先驅哉、

更觀近時之事實、彼遭支柯治者、於阿非利加之拿楂、不憚氣候之酷熱、風土之不宜、不受政府之特別保護、苦心慘淡、以營殖民事業、終使英國得廣大之屬土、又賒是盧住自南亞而向中央阿非利加、伸張英國之勢、皆以一人而遂行帝國政畧、助英國之經營阿非利加、其力不少、

自國民自然膨脹而成之殖民地、比受政府之干涉縛束、其發達雖甚速、然到底不能堪敵國之壓迫侵畧、遂不得不待政府之經營、

於今日不藉國家政策之殖民事業、不論何國、皆不能行、國家之競爭、非獨於亞細亞於阿非利加而劇烈、今於南美、列國之角逐、劇烈日加、蓋現時之膨脹事業、以全力之經營、與永久之目的而遂行、俄國則建造西伯利亞之大鐵道、獲旅順大連灣、以謀海軍之大擴張、德國則極力主張教育策、商業策、海軍策、航業策、英國則自好望角至海樓府、敷設亞洲大陸之縱貫鐵路、恰有以大鐵鎖而結束屬地之觀、美國則於太平洋得若干之要島、開鑿大運河、大講經營亞細亞之策、此豈非其欲爲大膨脹及長久之計、而爲此者哉、

列國經營殖民事業、爲擴張土地競爭之烈、故不暇待健全之膨脹、爭協定勢力範圍、恍呈占空想的領土之奇觀、

夫所謂勢力範圍者、前時則不過欲使國民自殖民、工業自商、吸收他國利益、至今日

而一變、豫劃將來擴張殖民及實業之地、而為排斥他國事業之範圍、故列強既欲擴張商業殖民之實利、又弄外交之手段、為特別分割勢力範圍之戰爭、如中國本為獨立之帝國、然其國土之大部分、既被分割於列強之勢力範圍、而列強遂日忙於利用勢力範圍之政策、

列國之專心一志、遂行殖民政策既如斯、是列強欲達其野心之技倆、及各國殖民政畧之巧拙、固大有研究之一値也、

列強各異其歷史習慣人種、故其殖民之方法、及其對於殖民之思想、各不相同、今吾人試就英法德俄之殖民事業、以愚見之所及、畧為論列、

英人以其獨立自治之性、及勇於進取之精神、移住於世界各處、比之他種、常占優勝之地位、蓋於殖民最獲成効之國民也、非獨人種優勝已也、政府之施政、亦極得其宜、英人有好自由忌束縛之特性、故政府之對殖民地、大與自由、凡事皆主放任、只監督其大體、而於外來之危險、及內部政治經濟之紊亂、則時為警告、力為保護、一切可以障害殖民地發達之繁文縟節、刪除殆盡、使移住者得享自由之福、翱翔於活潑之天、然彼政府之對殖民地得行寬大之政者、實英人自治之特性使然、然其特性與施政、亦卽英人之於殖民地所以得收大効之故也、

故他國人民、欲大揮其手腕於自由之天、而行安樂太平之商業者、皆麕集於英國之殖民地、如彼香港、包含種種混雜之人種、使彼等於英國保護之下、得大展其商畧、卽可為一證也、

英人於小農業、雖不及德人與荷蘭人、然於大農業、則英人決不劣於他國之國民、於南美、於阿非利加、英人所成功之農業、皆大農而非小農、於未開之地、一切開掘礦山、敷設鐵道、組織工商業之機關等、雖近來德國與美國、爲非常之發達、與英人爲大競爭、然英人於此等事業、決不讓他國也、

法國從前雖有廣大之殖民地、然其殖民事業、逐漸失敗、其版圖亦次第縮減、至十九紀之頃、殖民無所成功、蓋法國之殖民地、其官吏雖多、然從事實業之法人、固甚寡也、如亞遮利亞爲法國領土、極占便利之位置、然移住之法人、不過三十一萬八千人、然外國人民、住此地者、四十四萬六千人、至於路楂拿及加拿大、則更只留法國殖民地之紀念、並無可驚可畏之勢力也、

法國之於殖民地、不能收大益成大功者何也、其原因雖極繁雜、然其大原因、則在法國之人口、不多、近法國人口增加之成數、漸次減少、不有移住他國之餘力、且自拿破崙以來、法國之民法、定子女均分財產、故不名一錢、落拓窮途之青年頗少、皆有少少之財產、各自滿足、不肯冒險而飄搖海外、且法國之社會、頗極快樂、故皆不肯棄此樂土、而過荒漠之鄉、卽有移住、總不能忘甘甜之故鄉、轉瞬又復歸國、其所以不適於殖民者、職此故也、

法國之殖民地、不能隆盛之故、非此而已、法政府之施政於殖民地、不能如英國之寬大、以種種之繁文縟禮、而爲檢束、故凡外人之移住者、比之他國殖民地恒少、故挾大資本之外國人、亦因此而稀、此亦妨其發達之一大原因也、

德人者最適於農業之民族、能忍如何之艱苦、以開拓未開之地、而永爲居住、與戀故鄉而畏遠行之法人、判若天壤、故於美國之農業地、常比美國人愛蘭人占優勝之地位、重以近年商業大爲進步、侵入各國之殖民地、而伸張其勢力、故於亞細亞及南美、英國商人被德人蠶食其利益不少、

德人雖能侵入他國之殖民地、而立優勝之位、然於本國之領土、政府之干涉極多、頗被縛束、不能爲自由之動作、德國之殖民事業、猶未得成大功者、亦非無因也、

俄國則於農業殖民、爲最成功之國、彼等於前數世紀之間、以農業而膨脹、至近時始變爲軍事上之膨脹者也、中央亞細亞之諸族、頻被其征服、俄國之治征服民族之技、爲最巧之國民、彼等者厚遇所擒獲之酋長、授以官位、而買其歡心、寬待士民、使共知俄國之可親、盛起工業、增進士民之福祉、風俗習慣及宗教上之事、皆與以自由、絕不干涉、

蓋俄人者於歐洲人中殖民於亞細亞、亦爲最適當之國民、彼以半歐半亞之人種、與亞細亞人甚易混淆、又最能識亞細亞人之性質、重以彼等軍隊之雄壯、儀式之壯麗、足奪亞細亞之魄、是俄人者長於權謀、長於威嚇、駕御亞細亞人有特別之技能、與天性、於亞細亞殖民、歐人中以俄人爲第一、

各國殖民事業既如此、是帝國主義與殖民事業之關係、其頗爲重大可知、各國帝國之主義、亦可因此而窺一斑乎、

今日之最能發揮帝國主義之特性、及能代表近來世界之歷史者、蓋德國帝國也、若

欲徹底研究帝國主義、則吾人試將德國帝國畧下觀察、

夫德國之始行帝國政畧十年以前之事、於俾斯麥之時代、德政府之政策、祗傾於統一國民之事業、如欲領有遠隔土地等事鐵血宰相未嘗有所計畫也卽於殖民事業、間有經營、亦只擴張商業之手段、決不有政治上領土之心事也觀彼之於小亞細亞、則任俄國之經營、於中國遼遠之地、則更無利害之感、是法國之殖民事業則在軍事上、德國之殖民事業、則全在商業上也、

然至一千八百九十年之頃、德國之政畧一變、既藉俾斯麥之政策、整頓其國家、充實其民力、國家之精力、有不得不向外而發洩之勢、以俾斯麥商業政策之故德國之商業、遂大擴張於世界、然商業競爭、又甚劇烈、政府遂不得不保護之俾斯麥之國家主義、其結果遂誘起威廉二世之帝國主義、

一千八百九十年、於阿非利加、與英國結劃定境界之條約以來、德國之政策、欲爲帝國主義、凡世界德國工商業之殖民地、遂皆以政治而保護、一千八百九十七年、外務大臣封孫樦於議會演說曰吾等不可不保護國民之利益、又不可不保護在外國之德人、凡在外之德人、不被他國吸收、永得以德國人民而維持之地、必多移本國人民使之住居云云、是年於茄龍皇帝之演說曰、吾等於世界有大義務、不問世界何處、凡有德人者、吾等皆須保護、德國增進之勢力、不論用如何手段必思所以維持之云云、觀德國帝國之代表者、皆傾心於此、故政府或自鐵道政畧、或自殖民政畧、或自商業政畧、傾全力而求達其帝國主義之目的、

德國於阿非利加、有廣大版圖、近來復向中國擴張其勢力、或派顯利親王、或派華德斯元帥、或以英德協商而對列國、其政策雖大有研究之一値、然吾人只畧說其於小亞細亞西利亞地方之計畫、及其於南美之政策、其帝國主義、亦可概見矣、

小亞細亞美疏波米西利亞之地方、不過人口稀薄未開之土、然德國殖民政策之主力所以傾注於此者何也、此地非如中國之豐腴、然富諸種之物產、可盛興農工之業、山多鑛產、有商業之便、且其人口稀薄、土民壓迫之力不強、故無同化於土民之恐、其皇帝之垂涎於此地者、職此故也、自水陸上而觀、則當三大陸交通之要衝、山河險阻、爲軍畧上重要之地、若領有此地、於將來世界政畧、可占優勢、現今德國雖只云保護殖民商業、然一有機可乘、卽占爲己有、固無疑義也、他日阿洲大陸鐵道一成、自海樓府經波斯印度而到北京之大鐵道線路連絡之日、巴列士煎者、爲三大鐵道之接續點、又爲商業上至要之地、德人固已熟爲研究矣、

德國皇帝自其治世之初、早已畫小亞細亞政策、汲汲買土耳其政府之歡心、故於阿美尼亞虐殺事件、束縛國內之言論、力求不觸土耳其之感情、於希土戰爭、又密援土耳其破希臘、與土帝加親密之交情、德國之注意於小亞細亞、今傾於鐵道政畧、自君士但丁至波斯之巴俄打、敷設鐵道之權、約九十九年讓與德國銀行、其一部早已竣工、此他更得許多支路建造之權利、故德國之鐵道公司、甚忙於此云、

最近十年間、在南美德國之產業及殖民、殆爲突飛之進步、其對南美輸出入之總額、雖未及英國、然其資本之增加、及其發達之速、非他國之所及、祇計其放下於伯西爾

之資本已在三億圓以上、此之資本、或爲鐵道、或爲銀行、或爲商會、或爲運河橋梁、以活動於伯西爾、威尼治拉之大鐵道以德國之資本而成智利之農業多爲德人之所營亞爾善共和國之地主半是德國之臣民也、

今日德國於南美之勢力雖在產業上及殖民上、然政治之勢力、吾人可決信其隨此伸張、德國皇帝曾公言德國臣民所到之處、政府不可不擴張其保護權、觀此則南美者將來爲德國帝國主義之活動塲固可豫決也、

德國之帝國主義、由俾士麥之商業政畧而發達、彼之目的、欲於帝國主義基礎鞏固之後、更建商工業之帝國、使向外而溢之國民精力、得一發洩之所、故德國巧避政爭、擴張產業、與俄和親、與法和睦、與英提携務圓滑國際之關係、以扶植商工殖民之業也、

惟時與勢、驅列國而入二十世紀商業之大戰塲、而德國之四面、如被英美俄數强敵所圍繞、故傾其全力、以訓練從事商戰之兵士、及武器兵械、且作商戰之準備、努力聯絡世界之市塲、恐此尚不足以達其目的、故更欲於航業海軍、及世界要所之領地等、凌駕他國、此皆德皇之所專心一志策畫而經營之也、

德國之航業、二十年以來進步頗緩、然最近數年間、殆爲突飛之進步、而驚世界之視聽、一千八百七十一年、大瀛船僅百五十艘、重八萬噸、至一千九百年、忽爲一千三百艘、百十五萬噸、近來瀛船增加之比例、德國與美國共爲世界第一、德之政府、大與補助金於商船、以謀其發達、欲駕夫先進等國而上之、如北德意志路德公司、及漢美郵

船公司非被推爲世界最大之瀛船公司者耶、一千八百九十六年前入漢堡之船舶、英船之數、比德船多、德國之貿易藉英船而行、今一變其面目、德國商業之大部分皆由德船而行、且德國非獨於商船之噸數進步足凌他國已也、於航業政畧亦極發達、觀其在大西洋、與英國競爭得占優勢、卽可窺其一斑、此後之如何進步未有艾也、今之航業世界將一變而爲巨舶時代、而德國已造近二萬噸之巨舶、如道忽治蘭道號、威廉第二世號等、以迎新時代、

德國前以陸軍國而發達、陸軍既已成功、且咸推爲世界第一之陸軍國、彼國防藉陸軍之擴張、德國國民雖所深信、至海軍則大爲輕視、近來感商業殖民之利害、漸認海軍之必要、帝國政畧、遂以海軍擴張爲德國國家最大之事業、

德國苟欲自商業而建設帝國、則不可不以海軍爲國家機關、夫當世界相競爭之時代、德國之運命、比之自法國俄國之境以陸軍而決戰、不如於中國之海或阿洲之水上南美之港灣而決勝負、故皇帝於擴張海軍之策、熱心而主張之、惟國民之多數、未容其說、不能卽行、然其國之大臣、又利用各國所起之事變、說海軍之握要、皇帝又親自演說於各處、訴德國海權之微弱、卒能大達其目的、當顯利親王向東洋出發時、皇帝之演說曰、

帝國之勢力、一依海軍、二者相離、則無以存立、凡在海外之我大德國民、當知海軍須受帝國之保護云云、

一千八百九十八年、議會決議以十億圓之豫算而擴張海軍、因此之故、俄美兩國、亦

謀海軍之擴張、美國又揚威海上而破西班牙、德國以一千八百九十八年之擴張、猶未滿足、更於一千九百年春決議新海軍建造之案、此案實施之後、至一千九百一十六年、則除英國外、德國遂爲世界第一之海軍、

德國非獨於軍艦之噸數、擴張海軍而已、更廣建造船所、築船渠、養成海員、期保護海外之利益而無遺憾、如海員現今有二萬九千人、依其計畫、至一千九百二十年、可得十萬人以上云、

德國自建國以來、時日尙短、故於領土未能及他之强國、然既於太平洋取紐忌尼亞島及拉龍島、又於中國租借膠州灣、於東亞得活動之根據地

德國對商戰之準備既如斯、然使吾人更有可驚之事者、卽其實業教育之大發達也、德國之商業學校、專養成通世界商埠事情之事務員、及通各國語言之商人、以冀海外工商業競爭時、俾德國獨占優勝之地位、夫英國之製造家、以本國之風味而製造物品、賣之於異風俗慣習之外國人、德國之商工業則棄盡本國之風昧習慣、雖如何奇異之衣服、如何異樣之器具、揣摩彼處之嗜好、以巧手而製造、廉價而販賣、故其物品、不問文明國未開國、所到之處、皆被歡迎、此雖爲德人天性使然、抑亦可見其實業教育之方針矣、

帝國主義者、非近時而始發明、實由昔時國家發達之結果而生、苟國家異其性質、帝國主義、亦大異其趣、試比較俄國之帝國主義與美國之帝國主義、眞有天淵之隔、世界中俄國者、誠爲不思議之國、雖與歐洲諸國相伍而異、其文明異其國家之性異、

至其發達之傾向亦大異、其歷史今不具論、請卽其現在而論之、彼西歐諸國之平民義、俄國之所嫌忌也、西歐諸國之產業主義、俄國之所蔑視也、不尊重西洋之文明、不蹈西洋之跡轍、別求進步之道、俄人一般之意思也、自彼得大帝以前、西洋之文明已盛輸入俄國、然俄人得之、卽俄化之、只供生活之器具、絕不蒙根本之感化、今觀俄國於政治界宗教界、最有大勢力波卑那士威夫氏之近著、亦可畧知俄國對西洋之文明爲如何態度矣、

波氏以西歐之文明、實罹於不治之症、其所謂不治之症者、卽無政府思想、無宗教思想及社會黨等、謂此等之腐敗黴菌、將蔓延於世界、俄國亦將被其傳染、欲防禦之、而發達俄國、不可不用俄國之專制主義、俄國之教會、俄國之社會組織、夫統一、調和、服從、尊敬、質朴、實爲我俄國文明之特質、如個人主義、平等主義者、實殺害國家之毒藥、須視彼如蛇蝎云云、彼極力排斥西歐文明、發揮俄國固有之文明、其議論雖走極端、本不足以觀俄國之帝國主義、然其爲有大勢力之言論、固不容疑也、

近年俄國益傾於狹隘國家主義、專制主義、愈爲加甚、貴族社會之勢力、亦大爲增加、觀一千八百九十五年、諸種團體之代表者、集於冬宮、祝皇帝之卽位及大婚時、皇帝之演說曰、俄國之人民、有不可不知之一事、朕必傾全力以增進國民之幸福、雖然不可不爲獨裁政治云云、故虛無黨及學生、或改革派、如何運動、而俄國之壓制主義、反有日增月盛之勢、

俄國之帝國主義、全然俄國的、非他國所可摸倣者也、其帝國非商業帝國、其國家之

帝國主義
一九

競爭、非產業之競爭、俄國之一外交家曾曰、俄人者非商業國民、彼等者向比商業利益而上之高尙目的以進行云、即此一言、可覘全體俄國之工業、近來雖大發達、其輸出輸入亦大增加、然其商工業之重大者、皆藉外國人之手、俄人之所自爲經營者、極爲微小也、故俄國於商上業上、不得謂爲成功之國、

俄國雖採保護貿易主義、排斥外國商品、然其結果、國內之新工業不起、只舊式之產業、獨爲繁昌、故俄國之帝國主義、非如他國力求市場於外國、蓋彼雖有市場、亦無可賣之製造品也、故俄國之世界的競爭、不在乎市場之競爭

俄國之膨脹者、農業之膨脹也、俄人之意、以爲自狹少之地面、雖如何改良土地、及如何改良耕作法、其所多得之物產有限、不如自地面之擴張、而增產額、故俄國之地面、與人口之增加、農業之盛大、日向抵抗頗少之東方而膨脹、俄人者實爲土民、彼無地面、卽不能揮其勢力者也、故俄國於凡可爲膨脹之地、恐他國之着先鞭、遂極力而講求侵畧土地之策、

又於俄國最有勢力之軍人社會、大鼓吹侵畧主義、欲於亞細亞爲大膨脹之野心、如火之燃、逼政府之政策、傾於此方、而求達其目的、故俄國帝國主義之傾向、比其保全國粹主義、寧在欲於亞細亞建俄羅斯大帝國也、彼大體之傾向雖如斯、然亦非無反對之潮流、如彼大藏大臣威地氏、大誘入西歐之文明、欲建設俄國帝國於經濟基礎之上、又欲以立憲政體代專制政體者不少、然潮頭正急、恐此支流之勢力未易抵抗耳、

至慕平等與自由進步與活動而移住於新世界之人民、一戰而建政治的自由獨立之國家、再戰而造實行平等博愛思想之社會、三戰而開演經濟的大舞臺、此皆美國之地理住民及歷史自然生出之結果也、故今之美國、爲經濟的一大帝國、昔爲農業國之美國、當入二十世紀之時、俄然而爲工業國商業國、經濟學者波利夭嘗曰、昔輸出食品以苦歐洲農業界之美國、今以製造品之洪水、而溺歐州之產業界云云、是美國之現狀、亦可想矣、

其商業進步之急、實從古所未有、於一千八百九十九年一年間、其輸出之增加、實達四億六百萬圓之額、其製鐵之事業、壯大宏偉、實寒歐洲工業界之膽、美國將吸收世界之貨幣、世界經濟之霸權、自然歸於美國之手、故歐洲諸國、冒恐美熱、汲汲而研究對美問題、或有唱歐洲對美同盟之政治家、或有向美國勸其廢止關稅之經濟學者、索枯腸絞腦漿、日求所以抵抗之法、以有恐美病之故、忘却恐黃病、是對美策爲今日歐洲共通之最大問題也、

美國商業勢力之所及、豈祗歐洲而已哉、卽於東洋、其產物之入中國、入滿洲、入西伯利亞、入日本、其額逐年而增加、如日本之石油煙草、滿洲之採掘鑛山器械、鐵道材料等、皆非美國勢力之所侵入哉、

其勢力之伸張於東西兩洋、使兩洋之經濟界、有不穩之狀、其初美人尚不自知其勢力、然邇來欲以經濟力霸世界之念、勃發於國民之胸中、腦裡、元老院議員常警戒國民曰、今日美國對歐洲、始爲商戰、非使全世界之國服從我國經濟力之下、則不可止、

現諸國皆向美國而攻擊、其準備防禦、雖一日不可怠云云、卽此數語、非卽可以察美人之意向耶、

其如此之勢力、決非偶然湧出者、實世界之大勢、驅美國之富源、及美人之活動力而至此者也、麥端尼之帝國主義、卽察此大勢定美國發達之方針、而講扶翼輔助之政策、其謀國之深長遠大、誠令人欽敬無已、故彼之起戰爭、占領土、背棄舊例、自立政策、實明識時勢、謀進國力不得已之計也、麥端尼之帝國主義、先以戰爭布露於世界、故或誤解其爲侵畧主義、不知其純然經濟的帝國主義也、彼之占取領土、決非由欲滅西班牙之志而出、又非由欲擴張美國版輿之野心、只欲得商業政畧不可缺之地而已、故其政策、國民皆所深識、當其再選就職之日、大審院非使彼脫憲法之羈絆而行其政策、從新解釋憲法、俾得遂行帝國主義之自由哉、

若拘泥昔時之歷史、麥端尼之帝國主義、非無背美國歷史之處、然以人類活動之大勢爲歷史、彼經濟的帝國主義、非獨不矛盾北共和國之歷史、且有必然之關係、華盛頓之事業、實爲麥端尼事業之前驅也、

麥端尼之合布哇、取非律賓、實欲向東洋作商戰之根據地、昔時大西洋爲文明之重心、今日文明之重心、有移於太平洋之勢、故美國之對東洋、有重大之關係、麥端尼實先見及此、故占取非律賓、欲使孟尼拿爲美國之支店、以壓倒香港星架坡、使東洋之商業、皆被支配於此地者也、彼之政策、苟有識者、當一覽而知矣、

東洋之貿易、於地理上最有便利者、除我帝國、則俄國與美國、然俄國於商業上、斷非

美國之敵、其所云地理之便利者、只自一條之鐵道而入中國、一切貨物、不可不由鐵道而搬運至美國則以巨船而走太平洋、有以低廉運費而營敏捷商業之地位此外歐洲各國、須經印度洋而來迂回曲折、更不待言此美國所以於東洋之商界得占優勢者此也、

美國對東洋商戰之準備、欲向東洋各國之殖民地、俄國之領土、中國日本等、而擴張其商業既如斯、其使吾人之所最注目者、則爲美國欲於東部接近東洋之事如尼加拉運河之急於開鑿、獎勵太平洋之航業、及爲便美亞之通信、沈設太平洋海底電線等、此皆美國之欲其商業得活動於東洋、而以美國之文明支配東洋者也、

麥端尼於巴不路最末之演說曰、吾國之生產力甚爲膨脹、吾國之產物有可驚之增加傾全力而求新市場之問題實今日最握要緊切之問題也、若不以博大智識賢明識見而畫政策、吾等之勢力必無以維持吾國商業之膨脹、實壓迫吾人研究於大問題者也云云、麥端尼既死、彼之政策、尙留於國中、其帝國主義深印於國民之腦裏、新大統領羅斯維氏、亦欲以强大之精力、遂行其膨脹主義、是美國帝國之前途、其前進固未可限量也、

社會學者突丁古士嘗曰、美國者集西歐一切之所長、綜合之調和而爲國云云、美國之帝國雖純然經濟的、然一切文明之要質、藉經濟而播散、是美國將來歐化亞細亞、其有絕大之勢力、可豫決也、

帝國主義者國家主義之大希望也、然國家主義者、國家的競爭之主義、帝國主義、亦

絕大的競爭主義也、夫進步者競爭之結果、今日之文明、非幾千年前人類競爭之產出物乎、世界之歷史、非人類競爭之記錄乎、彼歷史之初開幕時、人類實分無數之小部落、相爲競爭、由小部落合而爲大部落、大部落競爭、合而爲種族、種族競爭、合而爲小國家、小國家競爭、合而爲大國家、大國家競爭、競爭不已、終成今日大帝國競爭之時代、

帝國主義競爭者、最劇烈最大希望之競爭也、其競爭之方面、亦甚複雜、故世界各國、盡今日文明程度所有之智識、所有之器械、所有之財力、而爲競爭、德國擴張海軍、爲二倍、則俄國法國英國、皆求所以匹敵之、或更求出乎其上、一國之軍艦、用無煙火藥、設無線電信機、他國亦盡力經營、恐居其後、故各國皆以歲入之過半、供應軍備、其競爭實不知所底止、夫軍備問題者、卽財力之問題、軍備競爭劇烈時、遂惹起經濟劇烈競爭、於是一國講保護產業之政策、各國皆踵而效之、誘出關稅之大競爭、一國於未開之國擴張利益、各國亦惟恐後時、以謀伸張其勢力、德國造一萬七千噸之巨舶、英國美國、直造超而過之之大艦、英國於中國敷設鐵路、俄美法德、競而求相等之權利、其競爭之至何時何地而止、雖識見卓絕之政治家思想緻密之學者、亦不能下一斷語也、

今日者非安心於勢力平均之時代、又非祇以國家之得以獨立而滿足者也、非傾全力以淩人勝人、難維持其獨立、故質言今日帝國主義之競爭、無異中國日本戰國時代之弱肉强食主義、政治家之所行所爲、無理想、無公理、總以利益爲標準、爲增進國

家勢力之故、雖犧牲人命、擲棄財寶、亦所不惜、勢力卽爲公理、强國之志意、卽爲條約、以支配國際關係、風烈鐵騎大王之孖喬威利政畧、於今日亦不乏其例、如以小事爲口實而攫大利益、幾爲萬國公用之手段、德國利用敎士被殺之好時機、遂於中國得一根據地、以伸張其勢力、英國於阿非利加、爲已國之政策、無端而與杜國開戰、而欲撲滅之等、皆是也、

劇烈競爭、雖爲帝國主義時代之一大特色、然其競爭之標準、大爲高尚、殘忍腕力之競爭、逐漸減少、昔時者國民之感情、一有衝突、卽便開戰、利害一不相容、卽訴干戈、然今日文明國之間、則不妄開戰端、橫挑戰釁、一則由國際法漸覺進步、調停國家之効力日爲增加、一則軍備過爲擴張、戰爭之結果、頗爲巨大、故國民不敢輕動干戈者、職此故也、

擴張軍備、卽爲避戰爭之原因、此雖奇異之想、然卽所謂武裝平和、又世界以高價而買得之平和也、科學之進步、武器益爲銳利、殺戮人類破壞器物之力、百倍千倍於昔時、其衝突之結果、甚爲可恐、且世界列國之商業關係、頗爲複雜、戰爭之影響、及於何處、不可豫知、故各國政府、亦不肯容易而負戰爭之責任、

爲軍備之可恐而得平和、彼英法之於土耳其、意見互相衝突、戰爭幾不可避、然兩國政府、盡力之所及、力爲調停、卒歸平和、又今年中俄密約、我日本與俄國將爲衝突、終以無事得結其局、是豈非文明國恐戰爭之一例哉、至如西美之戰爭、則由西班牙之軍備太不完全、又英杜之戰爭、則由軍備幼稚之杜國、向英國而抵抗、又北清之戰亂、

則由軍事不備之中國、加暴舉於列强而起、帝國主義之時代、大武裝國與大武裝國之間、未嘗開一度之戰端也、

國家競爭、雖漸變其性質形體、然其競爭之手段、實日加劇、彼絕大的競爭主義之帝國主義、由競爭而生、如何結果、是吾人所欲一研究之問題也、

（中畧）當列國競爭劇烈之時、而欲伸張國力、所最握要者、則在國民之協同一致、與調和運動、使於國內、惟務爭鬬軋轢、國家機關轉運不能圓滑、而欲擴張國勢、是無核而欲播種、無胎而望生子也、夫帝國主義、非徒謀侵畧、與外競爭之主義、必使國家之要質、健全發達、俾其欲溢之精力、向外發洩之政策也、然欲健全內部、徒整頓內治、亦無大効、必向與外部有關係之內治、自外部而謀內部之發達、乃始奏功、如欲發達內國之經濟、必先於外國得一大市塲、如欲開國民之智識、必先自外國輸入文明、謀外卽以圖內之手段策畧甚多、舉其大要、則不外養精蓄銳、向外膨脹一言、此卽吾人所謂帝國主義也、

如欲整理國家之內部、不可不考求國民之歷史、不可不察人種性質之傾向、或自平民主義而設政治機關、或取社會主義之一部、而改良社會、必兼收並蓄、愼爲採擇、以謀國民之幸福、與國家之膨脹、苟問以如何國家最適爲强健調和膨脹之國家、是頗難作答、蓋亞細亞之人種、有亞細亞之特性、歐洲人種、有歐洲人之特質、畧固路索遜民族之傾向、與斯拉威民族之傾向、自相懸殊、俄國則發達俄國之風、美國則發達美國之風、以兩國而望同一之文明、同一之社會組織、是必不可爲之事也、

雖然、各國各異其境地及發達之傾向、然欲向外膨脹之國家、於內必有充實調和之勢力、英國如此、美國如此、德俄亦無不如此、英國者平民主義最發達之國也、久以平民主義、使國民自由而活動、以立憲政治調和內部之階級整頓之結果、遂建今日之大帝國、而其能統一此大帝國者、亦不外以自由政治、於其領土加拿大澳洲、亦行其母國所固有之平民政治、英帝國者、爲帝國主義、與平民主義、最相調和之國、即擷顛固士所謂平民主義的帝國者也、

美國比之英國、行自由平等之政治、更進一步、其國家之統一、國民之調和、始近完全、而爲平民主義之理想鄉、美國之帝國主義、即不外此主義之能調和發達之結果、如謂美國帝國主義、爲平民主義之反動、是非深觀美國之言也、

俄國則與英美全異其發達之國也、其國家則以特別之狀態而整頓、國民以特別之關係而調和、統一俄國者、非立憲自由政治之力、乃獨裁專制政治之力也、又國教之力也、其社會團集之力、比他國稍能整頓、故其帝國主義、即自此一致和合而出、俄國之偉大、實由其國家之堅實、國民之調和、俄國雖時受西歐文明之影響、蒙東洋之感化、時起騷擾、時遇恐慌、然其偉大之國力能團結而處理之、故國家全體之秩序、不至紊亂、漸向外而膨脹、

斯拉威民族與甖固路索遜民族、雖異其國家之性質、膨脹之傾向、其於內則保秩序而調和、於外則謀國勢之伸張、其點則一、若於內部、黨派時相爭鬪、階級時相衝突、經濟宗教人種上、常不調和、國民時欲分裂、則國家之精力、全消耗於整理內治、無向外

注射之餘力、

帝國主義者、非平民主義之敵也、夫盛興國民之教育、高國民之品位、與國以參政權、俾無智頑固之輩、不得專制橫行、政治轉捩之機關、得以轉運圓滑、是欲行帝國主義之國家、所可取而效法之而施行之者也、雖然國民之智識未開、道德未進、而遽以政權界之愚蒙之手、則紛擾軋轢、徒滿政界、阻礙國家之行動、害亦不少、憂國者不可不深長思也、

至社會主義、亦非全與帝國主義不相容者也、社會主義之空想的道理、及破壞的手段、雖與國家之存立、不能相容、與帝國主義、不能相提携、至其實際、則欲遂行帝國主義之國家、亦不可不擇而採用、如社會黨之所主張、保護勞働者之工場法、養老法、救助貧民等法、於國家之調和發達、大有關係、雖如何國家、不可不盡其力之所及以求實行、至破壞的社會主義、非獨與國家不相容、帝國主義不相容、卽現在之社會、亦不能相容也、

要而論之、帝國主義者、於內則固國家之根本、於外則如大木之擴其枝葉、固國基、張國威、如此而已耳、

至帝國之理想果向何方乎、將欲併吞世界乎、抑欲永久繼續競爭乎、抑又欲謀人類全體之協同和合乎、吾人請自迂遠之見地、先爲論列、而後移於實際上之研究、

人類自太古時、割據單簡之小部落、漸向複雜大團體而進行、此組織團體之自然力、永無間斷、以支配人類之活動、及指導社會之進化、終至統一調和人類之全體、遂生

一有生機之一大團體、德國之大哲學家蜚地嘗曰、

天然之大法者、造人類相結合之團體、通各部之氣脉、發達各部文明相等之程度、統一各時代之文明各處之特色、而為一社會、天然者盡力而導人類、向此目的以達今日之社會、則先進民族、不可不為後進民族有所盡力、苟能造一大同之社會、則地球上之人益整齊步武、向絕高極大之文明而進步云云、

自古代人類不知不識、向此目的而進行、故征服者馬蹄之所蹂躪、宗教家傳教之所到、冒險家鼓勇之所進、商人謀利之所赴、皆接觸人類之各部、一一向世界之和親而進步、更至瀛車瀛船電信電話之世、人類更進入公同之社會、大速其步、

地球表面之分裂離散人類、如何始至統合之大問題、吾人雖不能驟答、然觀學者之所論、則結合人類有三種之大壓力、三種之壓力為何、其一為强大團體壓迫弱小團體、進步團體壓迫未開團體之力、二為人種之壓力、三為商業之壓力是也、

從國民的競爭之劇烈、小國蒙大國壓迫之事益多、將甘心被併吞於大國乎、抑合幾多小國團體以抗拒大國乎、小國之運命不出此二者、然不論其為併吞為團結、至其結果、則不外團體益大、大團體更被壓迫於大團體、其團體之大、遂至於不可限量、又文明國加壓力於未開國、彼無能軟弱之蠻族、雖同化於文明人、至彼半開之種族、大為醒悟、必至大為運動、大為團結、以試競爭、然其競爭之結果、亦不可不和合、

至人種之壓力、譬如阿利揚種族中、最異樣一族之俄羅斯人、以强大壓力加於西歐之種族、西歐諸國、必不能堪、遂至互相結合、組織一西歐合衆國、又阿非利加之黑人、

苟相團結而起黃色人種、或糾合而試競爭、則英俄德美、亦必至聯合而組織一白人種之團體、如此則人種之壓力捨其小異、自大同而結合爲大團體之競爭、大團體對峙之間、人種之差別逐漸消失、終歸著於人類全體之結合、且人種之差別者因地理上交通不便而生、然文明愈進、交通日趨於便利、人種之差別、可豫决其消滅也、商業之勢力、若行自由貿易、則諸種團體之差別固歸消滅、若世界列國執保護政策、則商業之壓迫、大團壓小團、遂與第一之壓力生同一之結果、

人類之前途非分裂而在結合、非割據而在統一、天然者實對萬物而爲此善意壓迫者也、宇宙之大法又驅人類而使之不行則不止也、吾人之幸不幸在從此大法與否而分、從此大法者、是盡吾等之天職、逆此大法、必至遭天然壓迫鞭撻之不幸、吾人之所以稱羨帝國主義者、卽從宇宙之大法、世界之大勢、極力發揮國民之特性、以貢獻於人類之進步者也、

雖然吾人思人類大團結之社會、决非排斥今日之帝國主義、固發達帝國主義、而使之達世界主義者也、抑世界之統合固有兩法、卽一者以强大之力征服全世界統一於己權力之下、一者數多强大之國民、相並而存立、不互相侵畧、不必相服從、同心合意、以相團結、爲協同之生活、協同之進步、而組織世界大聯邦、前者可恐可畏之性質、後者於文明之進步、最有大効、以吾人之所擇、又趨世界之大勢、實在後者也、

倘一國以其强大之勢力征服世界、則勢必滅却世界各國民之特性、以征服者之特質、同化他族、而造單純之社會、不然則征服之業萬不能成、雖然如斯之大征服决不

能行之事若果可行則必撲滅一切地理的歷史的、特性造一無變化、無活氣、停滯不動之非進步社會、吾人所理想世界協同之生活決非如此也、

吾人之所期望者一則自國際法道德宗教經濟利益之關係、各國以相和親、以相提携、二則各盡力於世界的競爭、自養自省、發揮其特性混合人類社會、以發達各國所特有之文字美術宗教道德等逐漸而赴於世界的團結、雖今日之世界、無國家資格之國雖多、未開之地面亦復不少、因經濟人種國際之壓力、使國家生各種之變化、然各國之大勢、有互尊重其獨立相競爭相提携向世界協同之大目的而進行之勢、約而言之、現在各文明國互於國際法之範圍內、相爲競爭、或開未開之地、或求市場而擴張商業、極力謀國民之發達、期於人類之文明、爲美備之貢獻、故從天然之大法、使至國民主義與世界主義卒相調和、是吾人於帝國主義所有之理想也、

以帝國主義、爲全無道德人道之仇、平和之敵、弱肉强食之主義、是知其一、不知其他之論也、吾人非目各國今日所行之膨脹政畧、悉爲人道之美舉、道德心之發揮、而讚賞之、如英國之於南阿、俄國之於滿洲、美國之於非律賓、德國之於土耳其及中國、可非難之事不少、然以此之故、直排斥帝國主義、爲沒道義、吾人所不能輕表同情者也、於狹小地面、有過多人口之國家、於南美及阿非利加人口稀薄之地、移植其人民、保護之、生息之、決非無道德心之舉也、爲發達國內之商工業、改進國民經濟之生活、而求市場於外國、謀利益之擴張、又決非無道德心之舉也、世界之大勢、使各國非張勢力於外、則不能發達其國民、不能盡國家之義務、不能完成國家之存立、故傾力而謀

國力之伸張、又決非無道德心之舉也、苟認國家爲必要之人、不可不認使國民向外膨脹之事、爲國家之義務及爲國家之權利、今之大勢、實促世界去小國時代、而入大國時代、大勢本不可抗、故於消滅國家或傾全力以取大國主義之兩途、二者不可不擇一、不問誰人、當採後者、是行大國家之責任、無悞其方向、又非道德之至哉、於世界各處舉野蠻蒙昧之民、敎育訓練、使進文明、先進國之責任也、彼遂行帝國主義之國家、一則謀己國之利益、一則藉此以盡大責任、文明之製造品、各國爲擴張商業、遂流入世界之各方、而促蠻族之進步、俄國爲帝國主義於北亞細亞之寒村僻地、中央亞細亞之荒野大原、大通鐵道、警醒未開之民、英國爲帝國主義、於阿非利加之黑暗大陸、縱貫鐵路、大與蠻民以利益、蠻民之訓練、實帝國主義直接之大結果、固非自悲觀的道德之眼孔、所能觀察者也、

文明諸國、人口增加、感物產之不足、於未開之地、知有大富源、然一切高價金山鐵山銅山石炭層、歸不能利用此物之蠻民所有、空埋沒於地中、百里之森林、任良材之老朽、有可耕之沃野、委爲荒邱、暴殄天物、是謂不祥、則以文明之利器、採掘之、開拓之、利用之、得巨額之富、以增進人類之幸福、是非純全道德耶、世界尚多未開之良港、未發之水利、商業未開之市場、以文明之手、廣人類活動之場、是又非先進國之義務哉、爲遂行帝國主義之故、不可不大擴張軍備、以干與外國之事變、注力於無間斷之大競爭、夫費巨額之費用、增稅租之負擔、以絞國民之膏血、是誠可憂之現象、然今日之國民、皆藉國家而發達、身命財產幸福、皆賴國家而安全、得美善之物、則出巨大之價

値亦固其所也、且當世界競爭、而欲維持國力、偉大國勢、則出相當之價値、非又不可已之事者哉、

至若未開化之民族、被併吞同化於文明國、其狀雖屬可憐可憫、然彼等既屬劣敗之人種、無優勝者之助力、亦終歸滅亡、且文明國以無報答無酬謝、而訓練彼等、誨敎彼等、則驅役彼等、利用彼等之外、並無他策、日本國民之於蝦夷人種、臺灣土族是也、倘以此爲强者之專橫、又無道德心、是誠不解眞正道德者之言也、

若强力蠻族、厭惡文明、起與爲敵、則文明國爲世界之進化、征服彼等、亦不可已之事、況征服之後、又非屠戮其人民、只執利用之法哉、蓋人道者、不使獰猛人種、縱其獰猛之性、以荼毒人類、則爲文明而利用彼等、又何有背戾道德之處存夫其間耶、

帝國主義者、一面盛行競爭、一面促各國各地之和親者也、自南美之隅、至阿非利加之中心、殖民之所到、商人之所赴、資本之所投、事業之所起、使世界各部之事情、互相了解、雖遠隔之地、風俗習慣之互異、大開交親之道、使人類得享協同之利益、苟以爲帝國主義、祇敵愾心之所散布、是大誤解也、

（中畧）今日之帝國主義、與過去之帝國、以個人之功名心、徒企侵畧者、大異其趣、於新時世新事實、不可不以新思想新判斷而研究、誤解帝國主義、卽誤解時世也、蓋誤解時世、爲人生之大不幸、亦國民之最不幸也、爲公共而運動之人、爲公共而議論之人、其最大責任者、在正當而了解時世者也、帝國主義者、非閑問題、非空名詞、天然者實促廿世紀之先進國、而使入時世之大勢者也、

帝國主義終

光緒二十八年三月首次出版

譯述者　出洋學生編輯所

校閱者　出洋學生編輯所

發行者　商務印書館

印刷者　商務印書館

發行所　商務印書館
上海北京路第四十一號

二十世紀之怪物帝國主義

欽命二品頂戴江南巡蘇松太兵備道袁　為
給示諭禁事本年二月十二日接
英總領事霍　來函以香港人馮鏡如在上海開設廣智書局繙譯西書刊印出售請
出示禁止翻刻印售並行縣廨一體示禁附具切結聲明局中刊刻各書均係自譯之
本等情　諭禁　為此示仰書賈人等一
體遵照　不貸其各凜遵毋違切切特示
光緒　二　日示

欽加三品銜　縣正堂汪　為
出示諭禁
道憲
英總領　書局繙譯新書刊印出售請
給示禁　縣示禁等因到縣奉此合行
出示諭禁　為此示仰書業人等知悉嗣後不准將廣智書局翻譯各種新書刊刻出
售如敢故違定干查究其各凜遵切切特示
光緒二十八年三月十七日示

日本土佐幸德秋水著

二十世紀之怪物

帝國主義

上海廣智書局印行

二十世紀之怪物帝國主義序

咄咄哉二十世紀之怪物。岌岌哉二十世紀之帝國主義也。自十八九世紀以來。法儒盧梭氏民約論出。首倡天賦人權之說。謂國家由契約而成。蒙的斯鳩氏萬法精理出。始創三權鼎立之法。於是歐陸風潮。爲之一變。此百年中歐力之所以內充者。雖謂其受盧氏蒙氏之賜可也。亘百數十年。十三州之獨立。蓋實行其主義。迨德儒伯倫知理國家學出。深駁民約論而主强權之說。於是歐陸之風潮。又一變。此實帝國主義之玉珮瓊琚也。伯氏謂權由天賦。猶未合乎人道之極則。而終鑿於物競之公理。則强權之說尙焉矣。夫充於內者。必溢於外。故民族結合。遂有十三州獨立之結果。民力澎漲。遂呈二十世紀之現象。雖美利堅向守其們羅主義者。今且不得不改其方針。勢使然也。然則歐力之所以東漸。而享世界文明之幸福者。雖謂其受盧氏蒙氏伯氏諸賢之賜。亦未爲不可也。此自東方閉化守舊之國視之。一聞盧氏之說。方且駭顧卻走。目瞪舌撟而不敢言。而孰知在我爲得未曾有。在彼已吐棄而不屑道矣。於以見歐人進化之速。殆不可幾及。中國號稱老大帝國。然并無所謂主義。即不然。帝自爲帝國自爲國。適成其所謂箇人主義。寡人政體。故一朝一姓之興亡。不關於社會之進化。且閼扼之而塗毒焉。

帝國主義

苟讀中國歷史者。類能辨之。夫積民成國。民族發達。而後其國始強。未有民族彫瘵。而可立國者。況處於競爭最烈之世界乎。所謂民族帝國主義者。殆民族強盛內力外溢代表之名詞也。吾友趙曰生氏譯此書畢。屬序於余。余嘗聞諸觀微之君子矣。或謂此義最不宜於今日之中國。誠哉其不宜。但不能不於以一審其目的之所在耳。兵家有云。知己知彼。百戰百勝。今吾且懵於自知。而遽欲與人決戰。焉得不日就危亡。若迅風之掃敗葉。吾國不欲自強則已。苟欲自強。則非致力於所謂民族主義不爲功。不然。雖有追風之驥。逐電之轡。亦望塵莫及已耳。余願與有國家觀念者。一讀此書也。壬寅七月吳保初序

二十世紀之怪物帝國主義序終

二十世紀之怪物 帝國主義原序

人類之歷史者。自始至終。信仰與腕力之競爭史也。有時信仰制腕力。有時腕力制信仰。比拉多釘於其利士德十字架之時。腕力勝信仰之時也。西蘭之監督亞母波羅斯命帝王懺悔於梭德西亞斯之時。信仰勝腕力之時也。信仰制腕力。則時代光明。腕力壓信仰。則時代暗黑。在朝之學士。無一人而唱哲學者。以講調和宇宙之道。在野之詩人。無一人而唱平和。以求安輯人民之規。而陸則十三師團之兵。劍戟燦然。以誇虎旅。海則二十六萬噸之戰艦。機輪相觸。以煽鯨波。家庭紊亂。達其極點。父子相怨。兄弟相鬩。姑媳相侮。而其對外也。則自誇爲東海之櫻國。世界之君子國。帝國主義者。實如斯而已矣。

友人幸德秋水君。成帝國主義以示余。君自少壯。以一身而立今日之文壇。獨樹一幟。人無不知君者。君信奉基督其憎世之所謂愛國心者最甚。君曾遊自由國。知社會主義之眞面目者。余得友如君。獨擅名譽。茲又有此獨創的著述。以紹介世之榮譽焉。何幸如之。

明治三十四年四月十一日內村鑑三序於東京市外角筈村

二十世紀之怪物帝國主義原序終

例言三則

一東洋之風雲日急。爲天下之功名而發狂熱。世之所謂志士愛國者。皆豎髮裂眦。爭逐於時。而獨冷然而講理義說道德。其不以崖山舟中講大學者相嘲者幾希。所以我知之而甘爲之者。實爲斯道百年計。忡忡不能自禁也。嗚呼。知我者其惟此篇歟。罪我者亦惟此篇歟。

一全書之說。皆採諸歐美。識者之苦言痛語。而於現時之德爾士多伊、利拉、重莫爾列、白白爾、布拉伊昂爲最多。其餘有極進步之道義。抱極高潔之理想之諸氏。皆有所切偲。我不敢僭故不題著而題曰述。以明非吾之作也。

一是書雖眇小之册子。見卑識隘。不能詳盡。而頗能握其綱領。是可自信者。世間瞶瞶之徒。若因之而感知其多少覺醒之機。爲眞理與正義得絲毫之貢獻。於願已足。

明治三十四年四月櫻花爛熳之候秋水生識於朝報社之編輯局

中江篤介先生評

惠贈貴著帝國主義。扶病誦讀。適已卒業。議論痛絕。頓忘疾之在身。行文勁練。而不失蘊藉之趣。敬服之至。

今日之所謂帝國主義者。實純然之黷武主義。以秦皇漢武之暴行。而佐以科學精利之器。可謂古今之極慘已。若於此際而得如古之亞里斯多德新西拉耶士周武殷湯諸葛亮曾國藩等。眞以止戈爲目的。以雄張於亞細亞大陸。則他年世界平和之大義。庶幾有望歟。此等大事。到底非可與今日斗筲之輩而論道也。嗚呼。

每日新聞記者石川安二郎評

明治二十二年春四月。余去鄉里之岡山。出大版。一日訪問中江兆民先生於曾根崎之寓居。立關一書生。垢衣蓬髮而迎余曰。先生於數日前赴淡路。豫定今日歸大版。可少待乎。余卽入立關之室。相與語。意氣軒昂。與之評論時勢。則罵青年之薄志弱行。嘲政治家之無法非行。慷慨悲憤。宛然如讀兆民先生之文。余愕然起敬。問其姓名與經歷。則土佐之一書生也。前年曾客林有造君家。共林君等因保安條例而退職者之幸德傳次郎。卽君是。

余大喜。急與幸德君訂爲石交。其後再訪兆氏先生於小石川柳町之寓。亟問幸德君之
消息。先生太息曰。惜彼以少年罹重患歸土佐。消息久疏。想已死矣。余聞之大痛。又失同
志者一人。及後二十九年之冬。得其確信已病故於東京。其遺簪載於中央新聞。披而讀
之。恍如八年前相晤之際。殆疑亡友之再蘇。遂語同盟同志之友。亟爲刋行。題爲『二十
世紀之怪物帝國主義』云。夫頑冥不靈之帝國主義。何足罵之。而極力攻擊。不留餘蘊。
以發此偉大之評論者。豈有他哉。蓋亦爲保持彼平素所唱偉大之平和主義與光明之
世界主義而已。

平和主義世界主界者。非彼一人之所專有也。實我同志者一貫之偉大主義也。彼冥頑
不靈之鼠輩。横行於我日本。則我同志者誠爲少數。屢屢爲彼多數之鼠輩所迫害。然合
世界之我同志者而計算。吾人未見爲少數也。

本書者爲傳我平和主義世界主義之福音。而與帝國主義如仇敵倒戈以攻之者也。

幸德君爲我同志者之主義。特著勇敢。以試挑戰。同聲感謝。其鋭利之筆鋒。吾人同志中。

無論何人非所企及。是同人所公認者。若夫現內閣總理大臣伊藤博文侯。有繙讀本書之機會。余知侯必以往年退去幸德君之事。不能無動於心。是所可知者也。

人民新聞記者芳原華山評（節錄）

幸德秋水君著帝國主義。君目帝國主義爲二十世紀之怪物。其對帝國主義之意見可知。曩者余讀瀧本誠一君之『經濟的帝國』論。深以爲榮。雙雙反對。而其著書同時。其出版同時。不亦奇歟。二書併讀。各描半面之眞理。殆無餘蘊。二君之學術識見皆吾之所最敬者也。

萬朝報記者河上年陵評

秋水子唱社會主義者。余亦唱社會主義者。秋水子唱平和主義者。余亦唱平和主義者。余之唱社會主義與平和主義以排帝國主義之熱心自信與秋水子同出一轍。今秋水子若帝國主義一書。縱橫攻擊此主義。余安得而不大歡迎之。

余曩著排帝國主義一篇。公之萬朝報之紙上。結篇一語。錄之於左。

雖無加拉伊路。末見其失印度之全土。末見其失些其斯比亞。是何故歟。

未數日。秋水子之本書出。讀其最後之一章。亦慨然曰。

英國自來之尊榮與幸福。而能欽有彼龐大之印度帝國者。豈有一加拉伊路在歟。若必特加拉伊路。非實欺我哉。

君與余之言。不期而合。有如符節。寧非奇歟。所謂暗合默契者。即是類也。

帝國主義者。實亘於十九世紀與現世紀。攪亂國際之平和。惹起人民之疾苦。蹂躪正義破棄人道之惡魔。而此惡魔之愛國心。加以國權論等之粉粧。（粉粧猶言粧飾外面以人炫也）人咸被其籠絡。而不知終被其毒手也。我日本人以愛國心爲無上之光榮。不知實爲帝國主義之惡魔而歡迎之。是固無足怪也。

秋水子此著。發明帝國主義之眞相。殆無遺憾。非細玩之。不知其中含蓄絕大之哲理的思想。吾人因秋水子之此書。而後知秋水子之爲大理想家。

秋水子文章之巧妙。固不待言。惟以彼之健筆。寫此等之奇想。則帝國主義一篇。實可爲無韻之詩。即以被之文學而論之。我國民讀如此之著述。則思想亦爲之一新也。

土陽新聞評

如羣山萬壑齊赴荊門。如百川萬流。咸朝東海。方今一代之風潮。傾注於帝國主義。世運滔滔。不知所底。舉凡學者政治家軍人相率而拜服於此主義之下。而世之唱道自由主義講究社會問題者。均未嘗一語及之。但隨世人聞其美名。未有知其內容之如何者。比比皆然。友人幸德秋水君夙忠於自由平等主義之士也。多年特具見地。欲解決此社會問題。注其心力研鑽講究造詣最深。成此著作。公之於世。欲以喚起世論。此書因述帝國主義之起因。蓋原於愛國心與軍國主義。故先論愛國心。其言曰。今之所謂愛國心者。對自國則表同情惻隱。其對他國。則惟憎惡與虛榮與競爭心。質而言之。則野獸的天性之好戰心也。次及軍國主義。則曰。軍國主義者。好戰的愛國心也。一種之狂熱與迷信也。徵之英俄德美及日本軍備軍隊之行動。與戰爭之罪惡。最後及帝國主義。說明其目的惟在建設大帝國與擴張領土。徵之於實事。發明其必要與其非理。以爲人道之鑑。其最後之斷案。錄之於左。

帝國主義以可卑之愛國心與可惡之軍國主義爲第一政策。此政策者。以少數而奪多數之福利者也。野蠻的感情。阻礙科學的進步者也。殘滅人類之自由平等。戕賊社會之正義道德。破壞世界之文明之蠹賊也。

惟其然也。果何術以救帝國主義之蔓延今日之時代。則畫策曰。

惟開始世界的大革命之運動。變少數之國家與陸海軍人之國家。爲多數之國家與農工商人之國家。變貴族專制之社會資本家暴横之社會。爲平民自治之社會勞働者共有之社會。洵能如此。始能政造現時之不正非義非文明的非科學的之社會。以期社會永遠之進步。人類全般之福利也。

何其言之沈痛也。決不似世間豫言改革者之口吻。書中所説。往往特具奇矯。著者早己講究此問題。以冷静之歡察。指摘社會之時弊。爲世之學者政治家等所不敢言。其評論絶無忌諱。以明二十世紀之怪物之眞相。以貢獻於讀書界之奇想。其功績決不可沒也。此余所以不憚煩言而願爲之紹介也。

讀賣新聞評

今世界者。帝國主義之世界也。如美國之文明。亦感染而惑溺於帝國主義。時事可知。故帝國主義者。實軍國主義。戰爭主義。擴張主義。併吞主義也。著者論斷其爲二十世紀平和道德自由平等之大害。而帝國主義之尤可恐可忌者。亦如白斯多之流行。其所觸者。不至滅亡而不止。於是承唱擴充世界主義。以掃蕩刈除帝國主義焉。文章簡勁。筆鋒犀利。論旨尤爲生動。其自著例言曰。其不以崖山舟中講大學相嘲者幾希。我和之而復爲之者。實爲斯道百年之計。著者之抱負。可以知矣。

勞働世界記者評

帝國主義者。眞偉箸哉。痛責今世之學者政治家軍人之大喝棒也。箸者爲萬朝記者幸德秋水氏。夙能文章。獨具熱血。惟此能文章具熱血之士。故能議論縱橫如此。讀之令人鼓舞不置也。

著者極力痛論彼野獸心所湧出之三兄弟。（言三主義如兄弟並立也）所謂愛國心軍國主義帝國主義是也。氣燄萬丈。咄咄逼人。其結論之最精當者則曰。變海陸軍人之國家。爲農工商人之國家。變貴族專制之社會。爲平民自由之社會。變資本家橫暴之社會。爲勞働者共有之社會。而後以博愛正義之心。壓彼偏僻之愛國心也。以科學的社會主義。亡野蠻的軍國主義也。布拉沙呼多之世界主義。掃蕩刈除彼掠奪的帝國主義也。

時事新報記者評

萬朝報記者幸德秋水氏所著帝國主義。以社會主義之見地。而評列國之現勢。痛論帝國主義爲因好戰心而爲政治家之利器。以損傷人民之平和幸福。其說之犀利。足備經世家之參攷。加以文章流麗。氣味濃厚。誠文學上之著作。有十分之價值者也。

東京日日新聞記者評

幸德君著帝國主義一書。極說帝國主義之危險。文章簡勁。殆如詩家之言。令人涵詠不己。而其熱誠。往往有嘔心噴血之概。足見著者之苦心。

日本人雜誌記者評

帝國主義者。侵畧主義之異名。呑噬主義之別號也。外觀堂堂。別具美相。而實則以刼掠他國之領有與强奪土地爲本旨者。夫切取强盜。其類不一。但所異者。彼則對於箇人。此則對於國家。而其刼掠不在箇人而在國家。强奪不在財產而在土地之故。不過大小之異耳。彼等往往耀威武荷功名。其所以耀威武荷功名者。蓋以炫惑俗士之眼。其歸趣則日趨日下。且以如此之結果。必至於令他國以陷於零落與滅亡而後止。而於其間。必有逞其非義不正暴力壓制之勢以徇其私者。著者幸德氏離一國家一政府之利害。更廣之於惟一世界之利害。更由惟一世界之利害。廣之於惟一之大社會之利害。而論斷帝國主義曰。帝國主義者。即建設大帝國之意味也。所謂建設大帝國者。非必要。實慾望也。非福利。實災害也。非國民的膨脹。實少數人功名野心之膨脹也。非貿易。實投機也。非生產。實强奪也。非扶植文明。實滅壞文明也。是豈文明社會之目的耶。是豈經營國家之本旨耶。以眇小之册子。剖析帝國主義。盡其論難。且目現德意志皇帝爲好戰皇帝。嘗臨俄國之戰爭畫家古耶列斯查典之戰爭畫展覽會曰。是等之繪畫。皆令人速避戰爭最良至善之保證者。更凝視拿破侖一世莫斯科敗歸之圖良久。臨去乃曰。有是等之繪畫。起征服世界之非望者。將絕跡也。凡逞其好戰的野心者。無不與此相同。若他日我國人豁然而悟帝國主義之非。則眞爲增進國民之利益幸福。余輩今於此書。亦可信其繪畫同功云。

報知新聞記者評

幸德秋水氏以慷慨悲壯之筆。亟排帝國主義之妄。絕無忌憚。洵可稱文字之犀利者也。

論愛國心。論軍國主義。論帝國主義等。讀之皆令人鼓舞。就此等議論。以非彼好戰的野心。必大受道義家之贊賞不置云。

日出國新聞記者評

以二十世紀之怪物評論帝國主義。豈眞僅其憤語。至其叙述。尤有不勝之感。以彼一人之創見。縱横自在。喝破世上之迷夢。尋常賣文之評論。譏其失於奇矯。余則以爲適切時世云。

朝日新聞記者評

帝國主義者。蓋以自由主義社會主義之見地而排斥帝國主義者也。其文章帶一種詩的之趣味。以痛罵偏僻之愛國心與野蠻之軍國主義。現味細讀。不覺卷終。著者自居於多路斯多伊利一流人物。甘受崖山舟中講大學之嘲。其就軍國主義見其黑暗之一面。而述其厭惡嫌忌之感情。就國家組織之根底而立論。其評論當世紀之所謂帝國主義利害是非。殆無遺憾。洵足以資當世之經綸。展卷讀去。如聞慷慨家之不平談。不勝悲憤之感。是吾人對此書所慨然而發喟也。嗚呼。滔滔改容。沒頭於眼前之小問題。漂泊於世波之風潮而無所止。而獨懷抱自由之主義平等之理想。特出於彼等思想之上。遂發表其一種之思想。絕無忌憚。其勇猛精進。自信之篤。可想而知。此書爲社會之所歡迎。有斷然者。

中央新聞記者評

帝國主義者。分緒言愛國心軍國主義帝國主義結論五章。以流麗之筆。寫深遠之想。奇拔之警句。一字一句。愛誦無已。

通覽本書以假面之帝國主義。以愛國心爲父。以軍國主義爲母。而生出二十世紀之怪物。獨斷痛斥之。幾無遺憾矣。

警世記者評

以警拔之筆。絢爛之文。明快爽利。豐富腴厚。以論帝國主義。如庖丁鼓刀。而爲惠文君解牛。其斥愛國心爲好戰心。而此好戰心者。即動物的天性。其爲釋迦基督之所必排。文明之理想目的所不能容。有斷然者。而奈何其爲現代之流行物也。

所謂帝國主義者。以此愛國心與軍國主義爲經緯而織成此政策也。故於其流行也。則斥之曰。非科學的智識。實迷信也。非文明的道義。實狂熱也。非自由正義平等博愛。實壓制邪曲頑陋爭鬭也。於建設大帝國者。則直讐之爲切取强盜之非行。更於其後。以檄志士仁人。迫之爲世界的大革命之運動。與開始。即以正義博愛之心。壓彼偏僻的愛國心。小科學的社會主義。亡彼野蠻的軍國主義。以布拉沙呼多之世界主義。掃蕩破壞彼掠奪的帝國主義。眞龍跳虎臥風起雲捲之大文字。立身高處。其著眼亦高。本書之著述。毫無遺憾。吾人雖不才。亦與幸德氏有同感想者。今幸德氏爲吾人而發明之。安得不歡迎而紹介之耶。

中國民報記者田岡嶺雲評

吾友幸德秋水頃著帝國主義一書。大排帝國主義。其言痛切。最中時弊者也。

吾亦惡藉尊王之名。行專制之實。如今之所謂愛國者也。吾亦惡竭盡一國之財產。以爲軍人之功名心之犧牲。如今之所謂軍國主義者也。吾亦惡殺人竊國。侵掠以擴大其版圖。如今之所謂帝國主義者也。吾亦惡自由之敵。平和之敵。人道之敵。亦猶秋水之所惡也。但告之所見。與秋水少異者。吾愛所謂帝國主義之流行。不如秋水之大也。

世界必至於統一。此可預期者也。於國土。於文學。於宗教。乃至語言習慣。亦必歸於世界的統一。此亦可預期者也。所謂統一者。非謂强併弱之謂。乃與異色者混一而融化之謂也。渾一即平等也。平等即自由也。平和也。人道之大義也。文明之終極也。而世界大局之趨勢者。乘交通之便。此即所謂世界的統一向之而進者也。帝國主義者。達此世界的統一之一階段也。帝國主義之積極的。即膨脹而爲國家主義也。國家主義者。亦一階段也。然而帝國主義。比國家主義爲更上一層之階段也。帝國主義者。在版圖之擴張。而予所謂世界的主義。其擴張尤爲最大而無限。故帝國主義者。不過擴張一國之版圖也。擴之擴之。究眞所極。即統一也。天者狡猾者也。即利用一國之野心。以隸於帝國主義之名之下。不識不知。已至於所期之世界矣。是即天之不自勞其手段。而終達於世界統一的之終極也。吾亦知以武力以戰爭而互相奪之帝國主義之非美。然帝國主義者實爲自由正義平和文明之至。耶多比亞之一險巇之逕路。世界的統一之關稅。自其終局而觀之。則帝國主義者。殊不必憂者也。故帝國主義者。一時之現象也。進步之階段也。吾遠測其終局。則樂觀之。而秋水則悲期其現前之下也。秋水與余其惡愛國者。惡軍國主義。惡帝國主義。有何輕重。其欲自由。欲平和。愛正義。愛人道。有何逕庭。欲之愛之大。故秋水深概帝國主義之流行。同欲之同愛之。而吾之愛此主義之流行。不如其大也。其歸宿同。吾與秋水之志無不同。

此書爲彼等徒知帝國主義。妄信以軍備而擴張領土爲立國之大計者。向彼憒憒者流。加頂門之一針。吾故以爲切中時弊之一好著。不憚爲世而推薦之也。

雄健熱烈。秋水之文之妙。一至於此。吾無以贊之矣。

二十世紀之怪物 帝國主義目錄

第六節　帝國主義之現在與將來　國民之尊榮幸福　德意志國大德意志人民

小　一時之泡沫　日本之帝國主義　其結果

第五章　結論

新天地之經營　二十世紀之危險　比拉多之流行　愛國的病菌　大清潔法

大革命　黑闇之地獄

二十世紀之怪物帝國主義目錄終

二十世紀之怪物 帝國主義

日本土佐 幸德秋水 述
中國武陵 趙必振日生 譯

第一章 緒言

帝國主義者燎原之火也

盛矣哉。所謂帝國主義之流行也。勢如燎原。不可嚮邇。世界萬邦。皆慴伏於其膝下。贊美之。崇拜之。而奉持之。

不見夫英國舉朝野之信徒。德意志好戰之皇帝。盡其勢力而鼓吹之乎。俄國者。非自稱其自昔傳來之政策乎。若法也。澳也。意也。孰不熱心於此乎。彼隔瀛海之美國。近亦棄其們羅主義而轉其方針。至於我日本。自日清戰役大捷以來。上下之狂熱。如火如荼。如脫軛之悍馬。

昔者誇平時忠者有言曰。『平氏者殆人而非人』（猶言似人類而非人類也）今之奉持帝國主義者。殆將作政事家而非政事家。國家而非國家觀之。彼其果有何德何力何貴重而致其能流行如此也。

夫經營國家之目的。在社會永遠之進步。在人類全般之福利。彼之專圖現在頃刻之繁榮。小數階級之權勢者。其於國家主義何如也。今日之國家之政事家。奉持帝國主義者。果賚吾人之進步者何在乎。與無吾人之福利者何在乎。

科學的智識與文明的福利

吾人之所深信而不疑者。欲求社會之進步。其基礎必待夫『眞正科學的智識』而後可。欲求人類之福利。其源泉必歸『眞正文明的道德』而後可。而其理想必在『自由』無『正義』而後可。而其極致必在『博愛』與『平等』而後可。夫古今東西。順之者榮。如松柏之後凋。逆之者亡。如蒲柳之先槁。彼帝國主義之政策。果有此基礎源泉乎。果有此理想極致乎。如其然也。則此主義者。實社會人類之天國福音也。雖爲之執鞭。所欣慕焉。

不幸而非如吾所言。則帝國主義之所以勃興流行者。非科學的智識。實迷信也。非文明的道義。實狂熱也。非自由正義博愛平等。實壓制邪曲頑陋爭鬬也。而是等之劣情惡德。不至於支配世界萬邦而不止。而『精神的』『物質的』皆受其傳染。其毒害之所橫流。非深可寒心者歟。

天使乎惡魔乎

嗚呼。帝國主義。汝今日流行之勢力。於我二十世紀之天地。將現寂光之淨土乎。亦墮無間之地獄乎。進步乎。腐敗乎。福利乎。災禍乎。天使乎。惡魔乎。其眞相實質。果如何。如孰爲細心而研究之。

焦頭爛額之急務

然而現在經營我二十世紀之人士。則以爲此眞焦頭爛額之急務也。身列後進。不揣不才。呶呶不已。誰其聽之。

第二章　論愛國心

第一節

帝國主義之喊聲

膨脹我國民。擴張我版圖。建設大帝國。發揚我國威。光榮我國旗。是所謂帝國主義之喊聲也。（喊聲猶言以誇大之詞自炫之意）彼等之愛自家之國家之心亦深矣。英國之伐南阿。美國之占非律賓。德國之取膠州。俄國之奪滿洲。法國之征呼亞。鎖達。意國之戰馬卑亞尼亞。是近將帝國主義所行較著之現象也。帝國主義之所向者惟軍備。爲軍備之後援者則外交件之。

愛國心爲經軍國主義爲緯

其見於發展之迹者。非以『所謂愛國心』爲之經。以『所謂軍國主義』爲之緯。以織成之政策乎。名爲愛國心。實則純爲軍國主義者。非現時列國之帝國主義通有之條件乎。吾故曰。欲斷帝國主義之是非利害。不可不先向其所謂愛國心所謂軍國主義。加一番之檢覈也。

愛國心者何物乎

然則今之所謂愛國心。若亦知愛國主義爲何物。所謂巴多尼阿斯母爲何物。吾人何故而擇一地而認爲我之國家。若國土者。果可愛耶。不可愛耶。

愛國心與惻隱同情

第二節

夫孺子墮井。匍匐往救。不問其遠與近也。不問其親與疏也。子輿氏之言。不欺我矣。若眞愛國心者。則救此孺子於井底之洗木哈西也。惻隱之念與慈善之心。油然而並茂。美哉愛國心。純乎不雜一私者也。

惟其然也。果有眞正高潔惻隱之心與慈善之心者。決不以一己之遠近親疏而異之。亦猶人之救孺子。決不以己子人子而異之也。故世界萬邦之仁人義士。必爲支蘭士瓦路而祈復活之勝利。必爲非律賓而祈其獨立之成功。其視英人若敵國然者。其視美人若敵國然者。所謂愛國心者。果能如此否乎。

今之名爲愛國心。實則純爲軍國主義者。英人則必不爲支蘭士瓦路而祈勝利以損其愛國心。美人則必不爲非律賓而祈獨立。以損其愛國心。故謂彼等無愛國心則不可。然彼等究與高潔之惻隱慈善之心者。不能表其同情。則其所謂愛國心。何其無救孺子之熱念。竟不一致也。

然則前之所謂愛國心者。醇乎與惻隱之心慈善之心之相背也。彼之愛國心之所愛者。自家

望鄉心

之國土限之也。自家之國人限之也。愛他國不若愛其自國。愛他人不若愛其自身也。愛浮華之名譽也。愛壟斷之利益也。其果公乎。其果私乎。

愛國心者又與愛故鄉之心相似也。愛故鄉之心雖可貴。然其原因。實有卑不足道者。垂髫之時。騎竹馬。舞泥龍。果解故鄉某山某水之可愛乎。既而遠適異國。隻影無儔。於是懷土望鄉之念。漸次而生。則以外感之激刺也。夫東西篷飄。南船北馬。熱心壯志。幾許蹉跎。世態炎涼。人情冷煖。無不躬焉歷之。回憶慘綠少年。鬬雞走馬。昔日之愉快。時復現象於其腦質中。故邱首之慕之愈切也。行旅艱難。風惡土異。停杯投箸。不能下嚥。萬人海裏。無半面交。父母妻子之愛念。不禁其發達無極矣。故彼等之愛故鄉。實由其嫌惡他鄉而起。其對故鄉非眞有同情之惻隱與慈善。不過因對他鄉有憎惡也。故惟失意逆境之人。此情最甚。彼等之憎惡他鄉愈甚。故其愛戀故鄉之念亦獨切。

雖然。愛戀故鄉之念。亦不獨失意逆境人也。得意順境之人亦有之。然細察其所以然。得意人之思慕故鄉。其心事更卑不足道。彼等不過欲炫其得意之事。於其鄉黨之父老故舊耳。其對鄉里果有同情之惻隱與慈愛乎。不過爲其一身之私意而已。虛榮也。虛誇也。競爭心也。是私

對他鄉而生憎惡

天下之可憐蟲

虛誇虛榮

羅馬之愛國心

意之所專注也。古人之言曰『富貴不歸故鄉。如衣錦夜行。』是語也。揭其秘密之隱衷。破其汚穢之鄙念。已燭照而洞然矣。

今之愛戀故鄉者曰。學校必立於吾之里。鐵道必出於吾之郡。是猶可也。其甚者且曰。總務之委員。必出於吾縣。總務之大臣。必出於吾州。彼等一身之利益。必不出於虛榮之外。其對鄉里。果有同情之惻隱與慈愛乎。故有識之士。洞幽徹微。所不能不仰天而太息者也。

惟其然也。故彼之愛國心。其原因動機。皆與其愛戀故鄉之心而一轍。則彼虞芮之爭。眞愛國者之好標本哉。彼蠻觸之戰。眞愛國者之好譬喩哉。嗚呼。噫嘻。眞天下之可憐蟲哉。

吾於是乎思昔者巖谷某揚言於國益之親玉。勿笑之矣。彼於東宮大婚之紀念美術館。約千圓之附寄。卒履其約。勿笑之矣。天下之所謂愛國者及愛國心者。於巖谷某亦五十步百步之差耳。吾請質言之。愛國心之廣告者。唯一身之利益也。虛誇也。虛榮也。若是而已矣。

第三節

『何須分黨派。惟知有國家。』

"Then none was for a paty,

羅馬之貧民

Then all were for the State."

此古之羅馬詩人之所謌揚贊美者也。何以知之。彼蓋利用黨派之智。非眞知有所謂國家。彼之所謂國家者。爲敵國敵人耳。爲迷信而憎惡敵國敵人耳。

吾非無所見而云然也。當時羅馬之多數貧困農夫。共少數之富人。或從其富人。赴其所謂國家之戰事。吾又見其臨戰之時。勇猛奮進。冒矢石。躬兵革。而不顧身。其忠義節烈。感天地而泣鬼神。吾又見其彼等幸而戰捷。全身歸國時。其因從軍而負之債務。積不能償。遂自身陷於奴隸之域。吾且見其當戰役之間。富者之田畝。常屬其臣屬奴僕任其耕耘灌漑。而貧者之田全委於荒廢靡蕪。而債務由是而生。而自買爲奴隸。嗚呼。果誰之罪歟。

彼羅馬國之所謂敵國敵人而憎惡之者。彼敵國敵人縱爲彼等之禍害。未必出於其同胞富者之上也。彼等爲其憎惡敵國敵人之故。奪其自由。奪其財產。而陷於奴隸。果孰使彼等而至於此乎。實由於其同胞之所謂愛國心而使之然者。此非彼等思想之所及也。

富者因戰而益富。因臣屬奴僕之日益加多之故也。而貧者亦因之而益貧。詰其何以故。唯曰爲國家之戰事耳。彼等爲國家之戰事。而沈淪於奴隸之境。而猶追想討伐敵人過去之虛榮。

何等之癡愚

希臘之奴隸

迷信的愛國心

愛憎之兩念

以誇揚其勳業。以銘紀其功名。嗚呼。是何等之癡愚也。古羅馬之愛國心。其實如此。於古希臘。吾又見有所謂耶羅德之奴隸者。既事於兵。又事於奴隸。而猶慮彼等身體强健之過度。彼等人口增殖之過度。爲其主者任意摧折而殺戮之。而彼等爲其主而出戰。勇敢實無比。忠義實無比。而曾不知一倒戈而恢復其天賦自主之權。悲夫悲夫。

彼等之所以然者何也。其於外國外人。即彼等之所謂敵國敵人。以爲憎惡而討伐之。誤信爲彼等之義務也。誤信爲無上之名譽也。誤信爲無上之光榮也。而不知其爲虛誇也。而不悟其爲虛榮也。嗚呼。此等之迷信。因彼等所謂愛國心虛誇的虛榮的之迷信。而實不過飲腐敗之神水之天理教徒也。而其毒害更有過之者。

然而彼等憎惡敵人之甚。亦不足怪也。蓋人生當未開化之時。其智識去禽獸不遠。無所謂之同仁。無所謂之博愛。自原始以來。愛憎之兩念。如糾繩之相纏。如環鎖之相連也。不見夫禽獸之在原野者乎。爪搏牙噬。同類相殘。而一旦與夙未相見者遇。忽而畏懼震恐。由畏懼震恐。即生猜忌憎惡。由猜忌憎惡。於是而咆哮。而爭鬭。而結其相殘之同類。而抗爭其公共之敵。彼等當其抗爭公共之敵之時。其同類互相親睦之狀。怡然可掬。油然相親。若彼等之禽獸。而謂其

好戰之心者動物的天性

適者生存之法則

愛國心。是耶非耶。古代人類。蠻野之生活。非若是哉。

蠻野人類之生活。同類相結。以其自然之戰。以戰其異種族。彼等之所謂愛國心也。然其灼然可見者。彼等之團體。忽結親睦之同情者。由其所遇之敵而生也。唯其對敵人有憎惡之反動。因其同病而始有相憐之心。

惟其如此。則所謂愛國心者。卽討代外國外人之榮譽之好戰心也。其好戰心者。卽動物的天性也。而此動物的天性。卽好戰的愛國心也。是非釋迦基督之所排。而文明理想之目的所不能容者歟。

哀哉。世界人民。尚能於此動物的天性之競爭場裏。送過十九世紀也。近更依然無涯無埃。以處二十世紀之新天地也。

社會之公理。從適者生存之法則。進化日漸發達。其統一之境域。交通之範圍。亦隨之而擴大焉。於是公共之敵。異種族異部落者。亦漸減少。彼等憎惡之目的亦失。憎惡之目的既失。其所以結合親睦之目的亦失。於是乎彼等之愛一國一社會一部落之心。變而爲愛一身一家一一黨之心。其於種族間部落間野蠻之好戰的天性。亦變而爲個人間之爭鬩朋黨間之軋轢。

階級間之戰鬬。嗚呼。當此純潔理想高尙道德盛行之間。動物的天性。尙不能除卻。而是時之世界人民。既無所敵。無所憎惡。無所戰爭。而惟競爭於無形。而名之曰愛國心。而稱之爲美譽之行。不其惑歟。

自由競爭

嗚呼。歐美十九世紀之文明。果文明乎。一則自由競爭之激烈。人類不勝其慘酷之禍。一則高尙正義之理想。信仰亦全墮地。我文明之前途。洵可寒心。而姑息之政治家。好功名之冒險家。趁奇利之資本家。有鑑於此。於是大聲疾呼曰。四境之外。大敵日迫。凡我國民。非亟止其個人之爭鬬。而進而爲國家之結合不可。彼等遂移其個人間憎惡之心。轉而向於外敵。以自遂其私圖。苟有不應之者。即責之曰。非愛國者也。是國賊也。吾人而知所謂帝國主義之流行。實以若是之手段爲之濫觴也。所謂國民之愛國心者。質而言之。即動物的天性之所挑撥而出者也。

動物的天性之挑撥

第四節

洋人夷狄之憎惡

愛自家可。憎他人不可。愛同鄉人可。憎異鄉人不可。愛神國愛中華可。憎洋人憎夷狄不可。爲其所愛者而討其所憎者。是可謂之爲愛國心乎。

達野心之利器

然則愛國主義者其最可憐者。非彼等迷信之咎乎。非迷信也。實好戰之心也。非好戰之心也。實爲虛誇虛榮之廣告也之賣品也。而此主義者實專制政治家欲達其自家名譽之野心。而供其手段之利器也。

明治聖代之愛國心

希臘羅馬之舊蹟。姑勿言之。而近代愛國主義之流行之利用。較之上古中古而更甚也。昧昧我思之。昔森田思軒氏嘗箸一文。『黃海之所謂靈應者非靈說』。天下洶洶皆以國賊責彼。久米邦武氏著『神道者祭天之古俗也論』。而免其教授之職。西園寺侯欲行其所謂『世界主義的教育』。其文相之地位幾殆。內村鑑三氏拒禮拜之勅語。亦免其教授之職。彼等皆以大不敬詈之。以非愛國者罪之。是明治聖代日本國民愛國心之所發現也。

國民之愛國心者。一旦忤其所好。可以箝人之口也。可以掣人之肘也。可以束縛人之思想也。可以干涉人之信仰也。歷史之論評得禁之也。聖書之講究得妨之也。科學的基礎得破碎之也。譯文明之道義。則恥辱之。而是等之愛國心。可以邀榮譽博功名也。

不獨日本之愛國心爲然也。英國者。近代極稱自由之國也。極稱博愛之國也。極稱平和之國也。以如此之英國。而當其愛國心激越之時。而唱自由者。請願改革者。主張普通撰舉者。非皆問以叛逆之罪乎。非皆責以國賊之名乎。

英法戰爭

英國人之愛國心其大發揚最近之事例。莫如彼等與法國戰爭之時。此戰爭當一千七百七十三年大革命之際。自後雖經多少之斷續。延至一千八百十五年拿破侖之覆沒。其大段落始成。彼等昔日之思想與今日之思想。其相拒豈遠乎。彼等之所謂愛國心者。與今日之愛國主義。其流行之事情與方法。所無甚異也。

法國之戰爭。當時英國之人民。惟此一事耳。惟此一語耳。其原因如何勿問也。其結果如何勿議也。其利害如何勿計也。其是非如何勿論也。苟有言者。必以非愛國者責之。改革之精神。抗爭之熱念。批評之宏議。一旦休止。歸於無何有之鄉矣。而國內之黨爭。亦遂消滅。如彼哥魯利志其人者。當戰爭之初年。亦頗非議之。既而國民結合一致。亦遂轉其方針。又若呼阿志士一輩。以平和支持自由之大義。已久不渝。既知議會之大勢不可挽回。亦不能守其宗旨。雖或有之。而不能抵制議場中黨派的之討倫。嗚呼當時之英國。實舉國一致。我日本政治家策士口頭稱道而不置者也。

所謂舉國一致

『舉國一致』者。即羅馬詩人所謂惟知有國家耳。盛矣哉。

然吾思之。是時舉英國之民。其胸中果知何者爲理想乎。何者爲道義乎。何者爲同情乎。何者爲國家乎。

當此之時。彼英國之民。舉國若狂。叩其宗旨所在。惟對法國之憎惡耳。惟對革命之憎惡耳。惟對拿破侖之憎惡耳。果有具一毫之革命的精神。與法人之理想有關聯之思想者歟。則彼等不但嫌忌之。且必競相侮辱之。不但侮辱之。且必羣起注全力而攻擊之。而非難之。

罪惡之最高潮

於是乎知對外國之愛國主義之最高潮者。卽其對內治罪惡之最高潮也。而彼等所謂愛國之狂熱者。但於戰爭間。以大發越其愛國心。至於戰後之何狀。非所計及也。

戰後之英國

試觀戰後之英國。其對法國憎惡之狂熱。已覺稍冷。軍費之支出者。亦遂停止。大陸諸國之在戰役中者。其工業界之擾亂。仰於英國之需用亦絕焉。英國之工業及農業。亦隨之而現一大衰頹之景象。而下等人民之窮乏饑餓者。遍於國中。至於此時。彼之富豪資本家。果有一絲之愛國心猶存乎。果有一絲慈悲同情之念猶存乎。果有舉國一致的結合親睦之心猶存乎。彼等坐視其同胞之窮乏困餓。展轉於溝壑者。漠然淡然。非如昔日憎惡讐敵之一轍乎。彼等憎惡下等之貧民。與其憎惡法國革命及拿破侖之念。果有輕重乎。

白多路羅

至若白多路羅之事。尤堪切齒。彼等既覆拿破侖軍於烏阿德路羅之後。集合要求改革議院

虛僞哉

一轉眼而觀德意志

之多數勞働者於白多羅呼伊路德悉蹂躪而虐殺之。時人稱烏阿德路羅之戰。冷語刺之呼爲白多路羅者是也。既破敵軍於烏阿德路羅愛國者又一轉念。復縱白多路羅而虐殺其同胞。彼之所謂愛國心者眞有愛其同胞之心否耶。所謂一致之愛國心結合之愛國心者。戰塵方息而於國家國民之利益有過而問之者否乎吾但見其國民碎首敵人之鋒鏑。空灑同胞之血以嘗試之耳。

當哥魯利志戰爭之始。大唱國民一致之主義。舉國騷然。至於此際所謂一致者果何在乎。以憎惡之心。而生憎惡之心。以憎惡敵國人之心。轉而爲憎惡其國人之心。動物的天性。果如是也。故烏阿德路羅之心者。直白多路羅之心也。虛僞哉。愛國心之結合。果如是哉。

第五節

英吉利之事。姑勿論之。誰更具慧眼。一察德意志之情狀乎。彼俾斯麥公者。實愛國心之權化也。德意志帝國者。實愛國神垂迹之靈場也。愛國宗之靈驗。其如何赫然灼然。世有欲覩其威靈者乎。試一詣此靈場也可。

我日本之貴族軍人之初學者。凡世界萬國之愛國主義帝國主義。無不隨喜渴仰。而不能措。

俾斯麥公

而尤注意於德意志之愛國心。彼德意志之愛國心者。古代之希臘與羅馬。及近代之英國。皆無其比。果不迷信者誰乎。果不惑其虛誇虛榮者誰乎。

故俾斯麥公者。實歷代之人豪也。彼當未起之先。早已灼見北部日耳曼諸邦。紛紛分立。同一言語之國民。必非結合之而不可。故以帝國主義之眼光先注射之。以點試其運動。而竟能聯合諸邦。以成一致。俾斯麥公之大業。誠光輝千載哉。然而不可知者。彼等奉帝國主義以結合統一諸邦之目的。必非欲保諸邦實際之利益。以冀其平和。惟生於武備之必要。有斷然者。在彼之早已咀嚼自由平等之義理。希望法國革命之壯觀之人士。亦幸其暫止蠻觸之爭。而享協同平和之福利。且備外敵之侵寇。以企望日耳曼之結合統一。亦明甚矣。是可希望也。孰不可希望也。試觀實際之歷史。決無副此種之企望者也。奈何。

日耳曼統一

若日耳曼統一者。果爲北部日耳曼諸邦之利益。則彼等何不以多數之德意志語而結合澳大利乎。彼之所以不爲此者。俾士麥克公一輩之理想。決不在一般德意志人之呼拉沙烏德也。決不在諸邦共同平和之福利。惟在普魯士與彼自身之權勢與榮光也。

夫彼之徹始徹終。以好戰之心。而旋其滿足之手段。以求結合提携者。是人之常性也。甲吾所親暱。乙吾所仇敵也。愛彼者必增此故也。彼爲外國之故。終日擾擾。而無安寧。蓋欲誇揚其覇權也。俊才如俾斯麥公者。是等之情態。詎不知之。故其利用此國民之動物的天性以試其手腕。質而言之。無非煽揚彼之國民之愛國心而爲敵國挑戰。藉以壓伏無已反對之義理評論。其希望則在創建其愛國宗。而因之以挑發無用之戰爭而已矣。

無用之戰爭

故彼日耳曼之統一者。實由其獸力（猶言如禽獸惟力是尚）之亞波士德路鐵血政策之祖師。其深謀遠計之第一著手。厥與最弱之鄰邦苦戰而大捷之。於是國民中迷信虛榮而喜獸力之徒。競附於彼之黨羽。是爲新德意志帝國之結合。是爲新德意志帝國主義之發程。

其第二策。彼與其餘之鄰邦而挑戰。則此鄰邦必較前之鄰邦而强者。然彼必乘敵備之不完也。而所謂愛國心。所謂結合之精神。油然而生。而新戰場之興隆日盛。而其運動一以俾斯麥公自身之國及同國國王之膨脹爲之主。而獨巧於利用妙於指揮也。

普魯士之結合

彼決非純乎正義之意味。以企北日耳曼之統一者。彼亦非欲普魯士於結合之後。鎔化而湮歿者。彼之所在。惟在普魯西王國爲統一之盟主。普魯西王爲統一德意志皇帝之榮光。故識者斷之曰。普魯士之統一者。國民的運動也。彼等國民。以虛誇與迷信之結果之愛國心。而全爲一人之野心於功名者而利用之。不其然歟。

中古時代之理想

俾斯麥之理想。實不免中古時代未開人之理想。而彼之陳腐野蠻之計畫。竟能成功者。則以社會之多數之道德的心理的。尚未脫出中古時代之境遇也。故多數國民之道德。猶中古之道德也。彼等之心性。尚未開之心性也。唯彼等自欺而欺人。不過僅借近世科學之外相。以自掩蔽云。

故彼起無用之師者。已二次矣。幸能成功。而其第三次之起師。孜孜養銳。耽耽以待其機。其機既至。則彼再乘他强國之不備而猛擊之。嗚呼。普法之大戰爭。尤爲危道之尤危者。兇器之尤兇者。而彼俾斯麥競幸而成大功。

普法戰爭

普法戰爭之捷後。北日耳曼諸邦。皆拜跪於普魯西之足下。其餘諸邦。遂奉祝普魯西國王而爲德意志之皇帝。此其結果。孰非爲普魯西之國王乎。故彼俾斯麥之眼中。豈知有同盟國民之福利哉。

故自吾而斷之。德意志之結合。非由正意之好意同情也。德意志之國民。積屍踰山。流血成海。如鷙鳥。如猛獸。以成其統一之業者。果何由也。由其煽揚彼國民對敵國之憎惡心。由其醉於戰勝之虛榮。世之大人君子。能無痛心疾首乎。

而彼等國民之多數。輒舉此以自誇。以爲我德意志國民享上天之寵靈。世界各國。孰有能企及之者。世界各國民之多數。亦從而驚歎曰。偉矣哉。爲國者宜如是而後可也。日本之大勳位侯爵亦隨喜曰。我亦東洋之俾斯麥公也。於是變其自來英國之立憲政治之有世界之光榮者。忽焉而移爲普魯士軍隊之劍欄。悲夫。

愛國的呼蘭德

國民之醉於國威國光之虛榮。亦猶夫己氏之醉於俾斯麥也。彼既醉心於此。耳爲之熱。目爲之眯。意氣勃勃。直往無前。積屍踰山。不見其慘也。流血成海。不知其穢也。而徒昂昂然自鳴其得意也。

國民之欲以優武力長戰鬬而弋聲名者。亦如柔術家之得免許皆傳。亦如力士之張橫綱。然而柔術家無力士。唯欲殪其敵手耳。技止此也。若非吾之敵手者。果有何利益乎。果有何名譽乎。德意志國民之所以自誇者。惟敗敵國耳。若非敵國。果有何利益乎。果有何名譽乎。

柔術家與方士

柔術家無力士之醉於呼蘭德。不過欲誇其技能力量耳。至於彼等之才智學識德行。誰復尊而敬之乎。國民之醉戰爭之虛榮者。不過欲誇其名譽與功績耳。至於彼等之政治經濟教育。

凡文明的之福利。誰能研而究之乎。不尊崇德意志之哲學。不尊崇德意志之文學。而獨尊崇德意志之所謂愛國心。吾不能從而贊美之也。

德意志現皇帝

彼俾斯麥輔佐之皇帝。與彼俾斯麥之一身。皆將爲過去之人矣。然彼之鐵血主義。猶印於其皇帝之腦質中。愛國的呼蘭德猶醉於其皇帝之臟筋內。而彼皇帝之好戰爭。好虛名。好壓制。愛乎不讓於拿破侖一世。更愛乎不讓於拿破侖三世。而彼龐然之大國民者。猶詡詡然誇其以血購之結合統一之美名而甘爲此少年壓制家所驅使也。而所謂愛國心者。依然猶甚熾也。然而是豈永遠之現象哉。

近世社會主義

愛國心之弊毒。既已達其極點。則馬克曰士之暴虐。亦達其極點之時。則反動之力。突然而起。吾恐其強敵。將有捲土而來之勢矣。然吾之所謂強敵者。非迷信的實義理的也。非中古的實近世的也。非狂熱的實組織的也。而其目的。則在盡破壞其愛國宗及愛國的所爲之事業而後已。是卽近世名爲社會主義云。

古代之野蠻的與狂顚的之愛國主義。將爲近代高遠之文明之道義與理想所壓伏。今日而後猶欲如俾斯麥之時。不可再得矣。道義理想之制勝。即在現世紀之中葉。可决而待也。故德意志之社會主義。隆然而勃興。將與愛國主義。而爲激烈之抵抗。則彼惑於戰勝之虛榮與憎惡敵國之愛國心。不能一毫煽揚其國民而與之同情博愛。斷可知也。

哲學的國民

嗚呼。以極哲學的之國民。具各政治的理想而演極非哲學的之事態。此俾斯麥公之大罪也。若微俾斯麥公。豈獨德意志。凡宗德意志之歐洲列國。其文學美術哲學道德。其進步何如。其高尚何如。何至而爲狺狺相噬豺狼之態。尙存於二十世紀之今日也。

第六節

日本之皇帝

日本之皇帝。與德意志之年少皇帝。本大異者也。不好爭戰而重和平。不好壓制而重自由。不爲一國而喜野蠻之虛榮。而爲世界而希文明之福利。決不知今之所謂愛國主義者。卽野蠻之帝國主義也。何以我日本之國民。知所謂愛國者。寥寥如晨星也。

吾鑒夫古今東西之愛國主義。唯以憎惡敵人爲目的。而討伐之。是卽愛國心之所發揚也。吾所不敢贊美者也。則日本人民之愛國心。亦不能不排斥之也。

故後藤伯

故後藤伯（後藤象次郎）者。曾一試煽揚日本國民之愛國心。以『國家當存亡危急之秋』大聲而疾呼之。天下愛國之士。翕然而趨。如風偃草。而後藤伯突然而忽曳裾廊廟。當時所謂大同團結者。倏然如春夢之無痕也。當時日本人之所謂愛國心。其實爲『愛伯心』是耶非耶。否則非愛後藤伯也。憎藩閥政府也。彼等之愛國心直憎惡之心也。同舟遇風。雖吳越如兄弟。此兄弟者。豈値一贊歎者乎。

征清之役

日本人之愛國心者。至征清之役。其發越窒湧振古所未曾有。彼等之憎惡清人侮蔑嫉視之狀。非言語所能形容。自白髮之翁媼。至三尺之嬰孩。咸有殲殺清國四億生靈而後甘心之慨。靜言思之。寧非類狂。如餓虎然。如野獸然。寧不悲哉。

獸力之卓越

彼等果希日本之國家及國民全體之利益幸福。眞箇抱同情相憐之念而然乎。否則惟多殺敵人之爲快。多奪敵財之爲快。多割敵地之爲快。以我國獸力之卓越。誇於世界乎。

我皇上出師之初。洵古人所謂荆舒是膺。戎狄是懲也。眞爲世界之平和也。爲人道也。爲正義也。而豈知與彼等煽起愛國心之本質。殊相反對也。憎惡而已矣。蔑侮而已矣。虛誇而已矣。至於征清之功果如何。與全般國民有形無形之利。未嘗一毫計及也。

酣酌混沙礫而販鑵詰

故於是役之結果。一面收恤兵部之重貲於富豪。（或五百金或千金）一面則兵士混砂礫而販鑵詰。一面促軍人之死期。一面索商人之賄賂。以是而名爲愛國心。誠足怪也。野獸的殺伐之天性。其狂熱至極之時。必有貫盈之罪惡。亦必至之勢也。是豈皇上出師之初心哉。

日本之軍人

日本之軍人。富於尊王忠義之性。誠可掬也。然彼等尊王忠義之性。於文明之進步。福利之增加。究有幾何之貢獻。是亦一問題也。

爲我皇上

義和團之亂。自大沽至天津。道路險惡。軍行甚艱。一兵卒泣曰。『爲我皇上而經此萬苦。寧不如死。』聞者墮淚。我亦爲之墮淚。

譯者詳至前節我皇上等語。竊怪日本人之奴隸性質。何其重也。既而譯至此節。乃恍然曰。著者之意深哉。

嗚呼。彼兵士之言。誠可泣哉。爲我皇上之言。爲正義乎。爲人道乎。爲同胞國民乎。言者不足深責。彼生平其於家庭學校兵營。彼一身惟奉皇上之敎訓命令。不知其他。斯巴路德之奴隸。不知自由。不知權利。不知幸福。爲眞主驅使鞭撻。而赴戰死。戰而不死。即爲其主所殺戮。自誇以爲爲國家也。吾讀史而常爲彼等泣。今本此心亦爲我兵士泣。

然則今日非斯巴路德之時代也。我皇上既重自由平和人道。豈其臣子猶希夫耶羅德乎。吾不信之。我兵士爲皇上之言。寧不進而爲爲人道爲正義之言。以冀皇上之嘉納。是眞合於尊王忠義之目的者也。

孝子的娼妓

爲救其父母兄弟之困厄。或爲盜賊。或爲娼妓者。身危名汚。延累其父母兄弟之家門。於中古以前是所贊美也。然而以文明之道德律之。惟悲其心事而憫其愚。決不恕其非行也。忠義之心善。爲皇上亦善。而於正義人道。非彼所知也。是野蠻的愛國心也。迷信的忠義也。何異於彼孝子的盜賊娼妓也。（孝子的盜賊娼妓言因欲爲孝行而陷於盜賊娼妓者）

吾哀甚夫我軍人忠義之情愛國之心。未合於文明高尙之理想也。猶未脫中古以前之思想也。

軍人與從軍記者

彼等軍人。其忠義之情愛國之心雖熾。而於同胞人類。則絕無同情之感。即以待遇新聞記者之一事而可見之。北淸之役。彼等遇從軍之記者。極其冷酷。記者之食不加省。記者之宿不加省。記者之病不加省。其生命危險亦不省。曰是非我之所關也。而嘲罵之叱斥之。如奴僕然。如敵人然。

軍人者爲國家之戰而設者也。彼從軍之記者。非亦我國家之一人乎。非同胞之一人乎。而愛護之念如此其薄也。彼之所謂國家者。唯皇上耳。唯軍人之自身耳。其他非所知也。

我四千萬衆之國民。引領而望我軍之安危何如。勝敗何如。從軍之記者。冒矢石出入死生之途者。豈但在其新紙部數之加倍銷售哉。彼等實欲慰我四千萬衆之渴想。償其滿足之願也。而軍人以之爲無用。其對四千萬國民無一點之同情。亦可知矣。

日本之國民

封建時代之武士國家。以爲武士之國家。政治以爲武士之政治。農工商人民。絕不與其權利及其義務焉。今之軍人者。亦以國家爲皇上及軍人之國家也。彼等雖曰愛國家。其目中絕無軍人以外之國民。故知愛國心之發揚者。其對敵人既加憎惡。其對同胞亦決非稍加愛情者也。

愛國心發揚之結果

絞國民之膏血。以擴張軍備。散生產的資本。以消靡於不生產的。激成物價之騰昂。而來輸入之超果。曰爲國家也。愛國心發揚之結果。眞無賴之母哉。

絕無數敵人之生命。破無數敵人之財利。而政府之歲計。亦因之而二倍三倍焉。曰爲國家也。愛國心發揚之結果。眞無賴之母哉。

第七節

愛國心果爲何物

吾以上所述。所謂巴多尼阿士毋。即愛國主義者。而愛國心果爲何物。則亦畧如解釋之。質而言之曰。彼野獸的天性也。迷信也。狂熱也。虛誇也。好戰之心也。如此而已矣。

人類之進步

然而所以然者。是亦人間自然之性情所不得已者也。而欲防遏自然發生諸種之毒弊。非賴人類之進步不可。

不見夫水乎。洋洋浩浩。天然流動之物也。停滯而不動。腐敗隨之矣。是自然也。流動之。疏通之。所以防其腐敗也。而可咎其忤自然之性乎。人之衰老罹疾病。亦自然也。投之藥以救之。而可發其忤自然之性乎。禽獸也。魚介也。草木也。其生委諸自然也。其死委諸自然也。若進化若退步。無不委諸自然也。若人而隨自然。以爲能事已畢。直禽獸魚介草木而已矣。而可謂之爲人乎哉。

所貴乎人者。能奮然而矯正自然之弊害。而進步也。故能壓制自然情慾之人民。則必爲道德的進步之人民。能加人工於天然物之人民。則必爲物質的進步之人民。享文明之福利者。萬不能盲從夫自然者也。（盲從猶言貿貿然而聽其自然如盲者之聽從于人也）

進步之大道

故知去迷信而就智識。去狂熱而就義理。去虛誇而就眞實。去好戰之念而就博愛之心。是人類進步之大道也。

不能脫逸彼野獸的天性。而爲今之所謂愛國心所驅使之國民。其品性之汚下陋劣。日甚一日。更安有稱爲高尚文明國民之一日乎。

是知以政治爲愛國心之犧牲。以敎育爲愛國心之犧牲。以工商業爲愛國心之犧牲者。是文明之賊也。是進步之敵也。是世界人類之罪人也。彼等於十九世紀之中葉。不能脫出奴隸之域。而率多數之人類。而隸於謬妄無理之愛國心之名下。以再沈淪於奴隸之域。陷擠於野獸之境。其罪上通於天矣。

文明之正義人道

自吾而斷之。欲維持文明世界之正義人道者。必制其愛國心之跋扈而後可。且必芟除淨盡而後可。果如何而後能達其目的。此不易言也。且今日此種卑汚之愛國心。又發而爲軍國主義。又發而爲帝國主義。以流行於全世界。悲夫悲夫。吾將運廣長之舌。儀秦之口。以發軍國主義之罪惡。則其戕賊世界之文明。阻害人類之幸福。昭然若揭矣。

第三章　論軍國主義

第一節

軍國主義之勢力

今日軍國主義勢力之盛。前古無比。殆已達其極點。列國爲擴張軍備之故。竭盡其精力。消糜其財力者。不可計量矣。夫軍備者。爲防禦尋常之外患與內亂而已乎。則亦何必如是其甚也。彼等舉一國之有形的無形的。悉爲擴張軍備之犧牲。而猶不省其原因與目的。蓋在防禦以外也。蓋在保護以外也。亦大可思矣。

軍備擴張之因由

夫從進擴張軍備之因由果何在也。無非一種之狂熱心。一種之虛誇心。一種好戰的愛國心而已矣。彼好事之武人。欲弄其韜畧者。贊成之。彼供其武器糧食及其餘之軍需之資本家。博一攫萬金之巨利者。贊成之。英德諸國之擴張軍備。蓋彼等之與其力者亦大矣。然武人與資本家。所以得逞其野心者。實多數人民之虛誇的好戰的愛國心之發越。有以應其機也。

甲之國民曰。我本希望平和。而乙國民有非望之侵攻。奈何。乙之國民亦曰。我本希望平和。而甲國民有非望之侵攻。奈何。世界各國。皆同一辭。眞噴飯之極也。

五月人形三月雛

各國國民。惟其如此也。亦如童男童女競誇五月人形三月雛之美之多也。彼此相競者。武裝之精銳。兵艦之麕集也。夫惟相競。非必敵國之急於來襲也。非必有外征之急要也。而躍躍焉事似兒戲。而可懼之慘害。皆胚胎於此理。奈之何。

故莫魯多將軍有言曰『希望世界之平和者。殆如夢想。然而姑以夢境當之。亦美夢也。』吾則以爲平和之幽夢。非將軍之所知。而將軍以爲絕好之美夢者。別有在也。將軍既捷於法國。獲五十億佛郎之償金。割馬路沙斯、羅林、之二州。而法國之工商卻駸駸日進於繁榮。而德意志之市場。俄而招一大困頓而挫敗。憮然赫然。憤氣四溢。是將軍美夢之結果。美夢之結果如是。非幽夢也。實迷夢也。

莫魯多將軍

既而莫魯多將軍再用武力以向法國而加一大打擊。彼能屢起衰敗而企圖之。欲以武力之捷利。以期國民之富盛者。莫魯多將軍之政治的手腕也。以若是之心術而欲二十世紀國民之理想而崇拜之。吾恐其未可矣。然而吾人何時始出蠻人之倫理學蠻人之社會學而抵抗之。

蠻人之社會學

小莫魯多之輩出

軍國主義全盛之結果。皆在於莫魯多將軍現代之理想與模型。而小莫魯多之輩出。徧於世界。如過江之名士。多甚於鯽也。即東洋之一小國。亦小莫魯多揚揚闊步之場。

彼等大嚼主唱軍備限制之說。爲利哥拉克二世皇帝陛下之夢想也。罵平和會議。爲滑稽也。

彼等亦常鼓希望平和之說。而一面之所唱道者。軍備美事也。戰爭必要也。我不暇責其矛盾。姑以軍備與戰爭爲社會之必要。亦姑聽之。

馬罕大佐

軍備與徵兵之功德

第二節

近日以軍國之事稱名於世界者。莫若馬罕大佐也。彼之大著作。於英美諸國之軍國主義者。與帝國主義者之阿烏利志。洛陽紙價爲之騰貴。而我國士人。亦家絃而戸誦之。觀其譯書廣告之頻繁。可想而知也。故欲論軍國主義者。先徵彼之意見。其便益之義務。可以知其梗概矣。馬罕大佐之軍備、與徵兵之功德說。甚巧也。而其言曰。

軍備者。於經濟上雖見生產之萎靡。人之生命與課稅等。皆有不利之象。若有毒害者。日日聒於吾人之耳。彼等未之詳察也。吾將陳其要而畧說之。

姑就一方見之。其利益者。不已償其弊害而有餘乎。方當長上權力衰微紀綱廢弛之時。年少之國民。學習『秩序』『服從』『尊敬』而入兵役之學校。其軀體以組織的之發達。以備克己勇氣之人格。養成軍人之要素。何用之而不可乎。令多數之少年。去其閭里街市之一團。受先輩高等之智識。結合其精神。共同其働作。對憲章法規之權力。以養其尊敬之念。如今日宗教頹壞之時。何用之而不可乎。其初也。教練以新兵之態度働作。既經教練之後。則兵士與市人相比較。其容貌體格。其優劣一望而知。故軍人的之教練。於他年活潑之生計。其益亦匪淺。與大學之消費年月者。相去不可以道里計。而各國國民。互相尊敬其武力。亦可以保其平和而滅戰爭之數。即偶有衝動之事。經歷已久。則舉動亦急速。而鎮定亦不難。何用之而不可乎。夫戰爭者。在百年以前。如慢性症之疾病。至於今日。其起也亦極稀。不若今日急性之發作也。而急性的戰爭之發作。則準備亦不容緩。卽以前者之原因。而爲預戰之備。己屬善美之事。而所失者必少。而當時之兵士與傭兵。無不具廣大旺盛之象也。是何也。今之國命。即兵士也。非獨爲君主之奴隸故也。

馬罕大佐之言如是。亦誠巧矣。而自吾觀之。則其違理之論。不難更僕而數焉。

戰爭與疾病

試就馬罕之所論而剖析之。彼之言曰。習戰鬭以養秩序尊敬服從之德。當今日權力衰頽紀綱廢弛之時。爲尤急要也。又曰戰爭者如疾病也。於百年前爲慢性症之疾病。今日則國民皆兵。而戰爭自減少。即偶有之。如急性的疾病也。於此健康之時。以應急性之發作之準備。則注意者之必要也。然則馬罕大佐者。是以國民戰爭慢性病之時代。爲順秩序張紀綱之時代。而健康之時代者。爲『紀綱廢弛』『宗教衰頽』之時代也。不亦奇哉。

權力之衰微與紀綱

馬罕所謂權力衰微紀綱廢弛者。蓋指社會主義之發生也。其言之妄。固不足論。假以現時與

之廢弛

革命思想之傳播者

百年以前相比。果孰爲紀綱廢弛也。且令今日之社會主義。試欲破壞現社會所謂秩序與權力。則紀綱廢弛宗教衰頹之結果。徵兵之制與軍人的敎練。果足以防遏之乎。恐未必能見諸實事也。

美國獨立之戰。法國軍人之赴援者。而於大革命之事。反助其破壞秩序之動機。非其前轍歟。德意志軍人之侵入巴黎。固云僥倖矣。而德意志諸邦革命之思想。非因是而愈傳播歟。現時歐洲大陸之徵兵制。採用諸國之兵營者。常出於社會主義之一大學校。其對現社會也。皆養成其不平之機。非較著之現象歟。吾蓋希望社會主義的思想之興隆。而亟望其速有以養成之。決非有意排斥兵營也。而非如馬罕大佐之言兵士之敎練、僅以養其服從尊敬之美德。以對其長上也。其謬妄之旨。世之君子。自有定論矣。

吾更即現社會之軍人而觀之。西沙之軍隊。其向國家之秩序與尊敬之心。究存幾何也。克羅母耶路之軍者。彼等雖經仗劍而鎭壓國會。國會亦爲所覆。然彼等之目的。唯知有西沙與克羅母耶路耳。安知國家之秩序與紀綱也。

人民之受軍人的敎練者。其良善之目的。果僅爲戰爭之事乎。僅爲應其所謂急性疾病而治

疾病之發生

療之乎。果其如此也。彼等於百年之中。而待其治療之期。悠然長遠。將以教練始。亦以教練終。果能堪耶。否則必日日祝禱此疾之發生。而後甘心也。

至謂國民皆兵。非僅爲君主之奴隸。各國民互相尊敬其武力。則戰爭亦因之減少。其謬妄尤甚。古代希臘及伊大利者。非國民皆兵者乎。非君主之奴隸乎。至於所謂慢性症之戰爭。彼傭兵之征伐弱國。純然不如徵兵之便利。然而國民皆兵之制。謂防禦於戰爭未發之先。而戰爭因之減少。則殊不然。自拿破侖之戰。已有徵兵。近代歐洲之澳法戰爭。克利美亞戰爭。澳普戰爭。普法戰爭。俄土戰爭。非皆出於徵兵制之後而極其慘酷者歟。

徵兵制與戰爭之數

至若近時兩相匹敵之國。其於戰爭之事。其終局之速。是固國民之軍人的教練之完全也。而戰爭之慘毒害之極。未嘗不由於此。試就道理而反省之。其利益果何在歟。

若夫自一千八百八十年以來。兩相匹敵强國間之戰爭。亦殆絕迹。是果兩國民互相尊敬之效乎。而其結果之恐怖。不難洞見。惟狂愚者之不悟其由來也。將來德法之戰爭。其慘酷之禍。可測而知。俄帝以一等國戰爭之結果。其破產零落之狀。可測而知。

戰爭減少之理由

彼等非果爲强國之相戰。以徵兵之教練。以養成其尊敬心之功果也。彼等非果欲大用其武

戰爭與文藝

於亞細亞阿非利加也。不過彼等虛榮之心。好戰之心。野獸的天性。依軍人的教練而後煽揚愈熾也。

第三節

彼等之唱軍國主義者。曰鐵必經水火之鍛鍊而後成犀利之劍。人民必經戰爭之鍛鍊。而後成偉大之國民。美術也。科學也。製造工業也。非戰爭之鼓舞激刺。其高尚之發達亦稀也。古來文藝興隆之時代。多屬於戰爭結果之時代。耶尼克列士之時代何如。當德之時代何如。耶利沙白斯之時代何如。昔者吾嘗主唱平和會議。而英國之主唱軍國主義者。持此說以難之焉。然而耶尼克列士也。當德也。耶利沙白斯也。其時代之人民。皆經戰爭。誠是也。然古代之歷史。殆以戰爭充塡之。經戰爭者。非特此等之時代也。其餘之時代。亦莫不經之也。豈彼等之文學。因得戰爭之餘澤乎。豈彼等之文學。因戰後而始急速興隆乎。若必牽彼等之文學與戰爭關聯而一貫。非特無徵。且未免牽强附會之甚也。

古代希臘之列邦中。好戰而長於戰者。莫如斯巴爾達。而彼斯巴爾達也。果有一技術文學哲理之傳耶。英國焉利七世及焉利八世之朝。其猛烈之戰爭。在內亂相踵之後。而文藝之發達。

能證其實際乎。耶利沙白士時代之文學。復興者。遠在馬路馬達戰爭以前。決知耶利克列士、當德、耶利沙白斯之時代之文學。決非因此戰爭而出也。

歐洲諸國之文藝學術

三十年前戰爭者。德意志之文學科學。一消沈萎靡之時代也。路易十四世即位之時。法國之文學科學。方極其盛。而因彼之黷武。乃遂衰微。至其晚年。不復見其興盛也。是法國之文學。其戰勝之時代。乃其困敗之時代。亦明甚矣。近代英國德利林沙加列之文學。與他路鳥因之科學。皈於克利美亞戰爭之勝利。誰不笑之。近代俄國之多魯斯多易多斯多哥烏士、志魯克利鳥之文學。皈於克利美亞戰爭之敗北。誰不笑之。德意志之諸大家。出於普法戰爭之後。不出普法戰爭之前。美國文學之全盛。在內亂之後。不在內亂之前。

日本之文藝

我日本之文藝。亦盛於奈良平安。而衰於保元平治。得北條氏之小康。乃得復興。自元弘以後南北朝復經應仁之亂。至元龜天正之間。殆將湮沒。惟五山之僧徒。存一縷之命脈。此畧涉國史者之所夙知也。

故文藝者。盛於戰爭以後者則有之。若當戰爭之間。則文藝爲所壓伏而阻礙。必俟太平之時。稍得仰首伸眉。則決非因戰爭之所促進明矣。博而徵之。若紫式部。若赤染衛門。若清少納言。

果被何者之戰爭所感化乎。若山陽。若馬琴。若風來。若巢林。果受何者戰爭之鼓吹乎。若鷗外。若逍遙。若露伴。若紅葉。果與戰爭有何關係乎。

武器之改良

吾但見戰爭阻礙社會文藝之進步。未見助其發達也。中日戰爭之所發生者。僅『膺懲淸國』之軍歌。是豈足當文學之進步也。

彼見刀槍艦礮之改造進步。加其堅牢與精銳。或似戰爭之力也。而不知是皆科學的工藝進步之結果。實非平和之賜也。假以戰爭之物爲其功果。而此等之發明改造。於國民之高尙偉大之智識道德。所補助者幾何耶。

軍人之政治的材能

然則軍國主義者。決非資社會之改善文明之進步明矣。戰鬭之習熟與軍人的生活者。決非增進政治的社會的之智德。又明矣。吾於此點。更得適當之左證。古來武功赫赫軍陣的英雄。其於政治家之材料文治的之成蹟。不禁觸發其悲憫矣。

亞列山德路罕尼巴路西沙

古代之豪傑。若亞列山德路。若罕尼巴路。若西沙。之三人者。豪傑中之豪傑也。三尺童子。皆能道其名。而彼等但能破壞。毫無建設之力也。亞列山德路之帝國。自政治學的眼光而觀之。實可察其現象也。彼雖一時征服因志路西容。而其分崩不旋踵。是自然之理也。罕尼巴路之武略智謀壓倒意大利者十五年。其威勢能令羅馬人不敢仰視。而加路些兰志之腐敗。遂入膏盲而不能救矣。西沙之臨陣。如鷙鳥。如餓虎。其立政治之壇上。則如盲蛇。惟能墮落羅馬之民政。惟爲萬人之怨府。

義經正成幸村

源義經。以戰爭名者也。若楠正成。若眞田幸眞。亦以戰爭名者也。而誰能贊美之政治的之手腕乎。（手腕猶言手段）彼等以完全軍人的之資質而立於政治壇上。果足以禦北條氏九代足利氏十三代德川氏十五代之開基乎。

項羽與諸葛亮

大小七十四戰無戰不利之項羽。不及約法三章之劉季。諸葛亮之八門遁甲。不及曹操之孟德新書。所以繫社會之人心致天下之太平之道。不在搴旗斬將之力。而別有在也。

呼列德尼志與拿破侖

近代之武人能奏政治的功績者。呼列德尼志與拿破侖二人是也。然而呼列德尼志者其初憎武人之生活實甚。至於戰鬭亦極歎其痛苦。可知謂彼爲所謂軍國主義的理想之適當之代表者。其誤甚明矣。而彼之建設。猶未牢固。其死後之遺恨猶多。至若拿破侖之帝國。竟如兩國橋上之煙花。忽輝忽滅。更不足言者。

華盛頓

華盛頓者。世界之賢者也。彼之所謂出將入相者。決不可以純然武人目之。彼之於戰事。殆迫

美國之政治家

華盛頓與林肯

列路林與烏耶路林頓

於時運之偶然不得已者。非以兵馬自喜者也。

美國於有軍人的素養者。未嘗列於上乘之政治家。蓋其所最注意也。武人之初爲美國大統領者。非自揚多利烏爵林乎。而爭奪官職之事。非彼爲大統領之時乎。

克蘭德將軍者。近時之武人中尤尊敬之人物也。而於其大統領之成績。所輔助者幾何。彼於黨員之事實。非可觀察其人物之一證乎。彼之忍耐。彼之正直。於戰爭能顯其技能之手腕。其應用於文事者又如何乎。

吾於林耶隆之軍事。安有間言。其所策劃者。決非諸將之所及。不待言矣。然而不能無憾也。眞箇之大政治家。無不能料理軍國之事。而軍人的敎練。決不能作大政治家。吾之論非無左證也。孔子之言曰『有文事者必有武備』。即華盛頓與林肯是也。然有武備者不必有文事。如克蘭德將軍是也。

在英國近代功名照耀於世界而崇拜軍人之理想與軍國主義之燒點者。（燒點猶言熱度達其極點）陸則烏耶路林頓。海則列路林。爲最著矣。烏耶路林頓之政治的手腕。少拔於凡庸政治家之上者。而決無經營一代指導萬民之才。彼因不與鐵道之下等乘客之便利。下層人民之遊行於國中

山縣樺山高島

軍人之智者賢者

者皆反對之。而列路林之事。更不堪言。彼於海軍軍人之外。殆無寸毫價値之人物也。

返顧我國。試問彼等軍人之政治的手腕。有可賛賞者乎。擬之東洋之莫路多、列路林、烏耶路林頓、而崇拜之者。若山縣侯。若樺山伯。若高島子。於明治之政治史社會史。果有何事而可特筆者乎。爲干涉選舉買收議員之作俑。陷我社會人於腐敗墮落之極點之罪惡者。非彼等實爲其張本乎。

吾非謾罵軍人軍隊者。農工商中必有智者賢者。彼軍人中亦必有智者賢者。我必躊躇而尊敬之。

但若此之智者賢者。若非未經軍隊的教練與經戰爭之後之初生者。則必手銃劍。肩欲波列多胸勳章。雖有智者賢者。必不能爲智者賢者也。彼等如何能智。如何能賢。其軍人之職務。其軍人的教育之功果。與社會全般。果有何利益也。

勿言習統一也。殺人之統一。有何尊乎。勿言服規律也。糜財之規律。有何敬乎。勿言生勇氣也。破壞文明之勇氣。有何希乎。否則此統一規律勇氣者。彼等出軍營之一步。茫然不見其迹也。其所贏者。惟長盲從强者以淩虐弱者之惡風。

第四節

軍國主義之弊毒

軍國主義與戰爭者。不但不利社會文明之進步。而其弊毒且足以戕賊之而殘害之。軍國主義者又曰。古代文明歷史出現之時。皆由於兵商一致之社會。彼等即舉古代埃及古代希臘之事。以爲軍備進文明之左證。而不知其誤也。埃及既爲武力的征服軍備的生活之國。則何以竟然墮落。不能更持續其繁榮於數百年。保存其命脈於數千年乎。若夫希臘則別當一考其價也。

古代文明

古代希臘之武事。諸邦實無同之者。斯巴爾達自始至終。固持軍國主義。以調練爲生活以戰爭爲事業。更無他矣。其於文明之事物。絕無關係也。至雅典則未如此之甚。而白利克列士則曰。吾人雖以調練自習勞苦。而一朝當事。吾人之勇氣。不能保其不沮喪也。吾人終日汲汲爲應戰爭之準備。以調練送其生涯者。不知凡幾。而所恃者終不可恃。而謂之爲大利益可乎。近世之守軍國主義。果取斯巴爾達之說耶。抑取雅典之說耶。

無論彼等如何頑愚。決不敢棄雅典之文明之豐富。而贊斯巴爾達野獸的軍國主義也。而照軍國主義者之持說。則斯巴爾達又最合於彼等之最大理想。果何所適從歟。

白羅捧列西們戰後之腐敗

軍國主義者或曰吾人之希望斯巴爾達者。誠以倣雅典之軍國主義而不得。則不知其結果。不若斯巴爾達之爲愈也。且吾思之。雖若雅典其軍備者。與彼政治之改良。果何功乎。與其社會的品性之上進。果何功乎。彼等除煽起市民之戰爭之外。果何有利害乎。彼等從事於白羅捧列西們之戰爭者三十年。軍國主義之利益與功果。發揮已達其極點。而其結果竟及之。唯腐敗無墮落者何也。

他西志的斯之大史筆

白羅捧列西們之戰爭者。全希臘人民之道德。一掃而盡矣，其信仰已破壞。其理義已湮沒。其悽慘之狀。後世猶爲酸鼻者。讀他西志的斯之史。誠千古之大史筆哉。他西志的斯嘗述其狀曰。

諸市府一聞騷擾之起。革命的精神之流行。速於置郵而傳命。欲悉從來之物件。不盡破壞而不已。其計圖愈出愈暴。其復讐者亦愈出愈慘也。當時之議論。絕無與實際之事物有確實之關係者。惟彼等適當之思惟。任其變更。以暴虎憑河者爲義勇。以思慮愼密者爲性者之口實。以溫和者爲軟弱之假面。以顚狂的精力爲眞箇男子之本性。身經萬事。不必求其一事之成。其狂暴者。則信任之。反之者則嫌疑之。不與徒黨之隱謀者。目之以離間。以爲怖敵之怯者。則以他惡事而擠陷之。更煽動良民。誘之以陷於罪惡。能復讐者則羣起而脅之。各黨派間之一致結全者。唯其勢力相敵。各存於互不相下之間。方能壓倒彼等之餘黨。而不爲其奸策暴行所敗。而又惟他部之復讐者伺之。而至以若是之革命。適釀成希臘人一切之惡德也。至於高尙之論。爲天性之一大要素。與質朴之一事。則目而笑之。幾殆絕迹。惟醜陋之爭鬩戰鬬之心。其熾如火。無一語足以調和彼等者。無一宣誓足以使彼等奉信者。其才智之卑劣。社會一致。非最慘之黑暗地獄歟。

嗚呼。是非古代之最大文明國。其一切市民皆經軍隊的敎練者歟。贊美軍國主義者所養成戰爭之結果。誠如是也。我日本之軍國主義。中日戰爭之後。社會人心之狀態。髣髴似之。其將日見滿足之勢矣。

羅馬

不更觀夫羅馬乎。彼等奪勇戰鬬以奪意大利諸州之自由。其結果也。其羅馬市民所養成之品性何如也。所長育之美德何如也。其內國遂爲屠殺慘澹之場。自馬利亞巴與西路拉者出。遂變民政共和之國。而爲貴族專制之國。其自主之市民。皆爲蠢爾之奴隸矣。

德列呼耶之大疑獄

最聳動近時世界之耳目者。法國德列呼耶之大疑獄是也。是爲軍政足以腐敗社會人心較著之證例也。

其裁判之曖昧。其處分之暴亂。其流言之奇離與弇陋。舉世之人。始訝然法國陸軍之部內。幾爲藏垢納汚之所。而敗類充斥於其間。然而不足怪也。軍隊之組織者。蓋惡人所以逞其兇暴也。非無他等社會邪正之不能相容。故其藏垢納汚。較他社會爲更大也。何也。彼陸軍部內者。壓制之世界也。威權之世界也。階級之世界也。服從之世界也。道理與德義。不容入此門內者也。

蓋司法權之獨立完全者。除東洋諸國之外。有如此暴橫之裁判。暴橫之宣告者。非陸軍之部內乎。非軍法之會議乎。此外未見若是之甚也。然而是實普通衙法所不爲者也。普通民法刑法所不許者也。

而赳赳數萬之貔貅。無一人進而爲德列呼耶鳴其寃。以促再審者。皆曰寧殺無辜之一人。以掩蔽陸軍之醜辱。而耶美路索拉乃蹶然而獨起。以彼如火如花之大文字。灑淋漓之熱血。不禁向法國四千萬之人民驀然而注之也。

利拉蹶然而起

當是時也。若耶美路索拉然而不言。彼法國之軍人。遂亦一辭不贊。而德列呼耶永遠無再審

堂堂之軍人不如市

井之文士

之期必矣。彼等之義勇。實不如市井之一文士。彼軍人的敎練者。如是無一毫之價値耶。

孟子曰『自反而不縮。雖千萬人吾往矣。』不謂此等之意氣精神。惟見於耶美路索拉一文士。而不見於彼堂堂之軍人。何歟。

或曰。抗長上者。乃軍人不可爲之事。且不得爲之事也。德列呼耶之事件之際。法國軍人之盲從者。未足以證彼等道心之缺乏也。果其然乎。然而更有著大之例以證之。

其志耶列路將軍

今日轉戰於德蘭士瓦路之其志耶列路將軍者。其於英國之軍國主義與帝國主義。崇敬之如鬼神。不見彼之征蘇丹乎。發掘馬志之墳墓以甘其心者。非其人歟。吳之子胥爲報父讎。而鞭平王之屍。在二千年以前。已爲識者所唾罵。況於十九世紀之末葉文明之時代。公然在大英國國旗之下。而忍爲之舉。天下之人。盡爲軍國宗之信徒。推其發掘馬志墳墓之心之理想。而委一國之政治。於此殘忍之手。非可大懼者耶。

俄國軍隊之暴虐

近日俄國軍隊之暴虐之見於北淸者。於通州之一地方。爲彼等所脅。赴水而死之婦女七百餘人。卽此一事。已足令人酸鼻。而髮指。試問軍人的敎練與戰爭的準備。果能養成高等之人格與道義者何在乎。彼與十三四世紀以來。生於戰鬭。死於戰鬭之哥沙克相比較。則人格之高道義之盛理也。而與實事正相反。則又如何。

若軍國主義眞有扶植國民之智德。至於上進之地位之功果。則土耳其者。當在歐洲第一之高地位矣。

土耳其之政治

土耳其之政治。軍國之政治也。土耳其之豫算。軍資之豫算也。自其武力而觀之。決非弱國必矣。彼之霸權。於十九世紀雖全墮地。而拉瓦利之戰而勝。而克利美亞之戰而勝。而呼列甫拉之戰而勝。而的沙利之戰而勝。而彼竟爲弱國者。何也。

而是等之戰績。果足以自誇乎。抑亦不足以自誇乎。其腐敗。其兇暴。其貧困。其無識。凡占文明的地步者。於歐洲中皆居最下之地位。非土耳其乎。其國家的運命。不絕如縷。利哥拉士一世之所謂當以病人遇之者。非彼歟。

就德意而概言之。其國民猶不失高等之教育。其文藝與科學。燦然猶有存者。然而經鐵血主義軍國主義一掃之後。當年高遠之倫理的思想安在哉。

德意志一代道德之泉源

彼國民於歐洲。曾爲一代道德之源泉。若康德、西魯列路、耶魯的路、國耶的、利易的路、呼伊易的、布隆志耶尼、馬克士、拉沙路、瓦克列路、海列、等之名。皆爲文明諸國所宗仰。其感化之實力。

麟鳳不棲於枳棘

德意志皇帝與不敬之罪

實廣大而無垠也。而今安在哉。今者吾人於藝術於科學。尙有宗德意志者。而於哲學於倫理於正義人道之大問題。誰復獨宗德意志之文學者乎。誰復渴望德意志人之敎示者乎。除社會主義之理想。猶爲中流之砥柱。尙有足爲歐洲諸國之所宗仰者乎。

然而不足怪也。麟鳳不棲於枳棘。以彼俾斯麥公莫魯多將軍之理想世界。而欲望國耶的西魯列路之再生。甚不易也。吾甚慨夫軍國主義者。汝惟以烏伊路耶路母、比耶羅、瓦路的路斯、而得幾何文明之進步乎。

吾故謂軍國政治之行一日。卽國民之道義之多一日腐敗也。暴力之行一日。卽理論滅絕一日之意味也。德意志自俾斯麥公以後。其於歐洲頓失倫理的勢力者。自然之理也。現時之烏阿路耶路母二世皇帝。其卽位後十年間。以不敬罰罪者至數千人。而是等罪人之中。有多數係丁年未滿者。是我忠良之日本臣民之所夢想者也。猶希望是等之軍國主義乎。猶希望是等軍國政治之名譽乎。

第五節

軍國主義者更贊其戰爭曰。國家之歷史。戰爭之歷史也。如個人間之紛議。必依決鬬而後得

決鬬與戰爭

最後之判定。則國際之紛議。而得最後之判定者。則戰爭之功也。坤輿存國家之區別於其間。則戰爭自不可已。而有戰爭。則軍備之必要。亦必不可已。且夫戰爭者。實吾人相較其強壯之力。堅忍之心。剛毅之性。所以發揚『眞箇丈夫兒』之意氣精神也。若無軍國宗之勢力。則天下將變爲懦弱巾幗之天下。夫豈然哉。

吾今不暇斥其言個人間決鬬之是非利害。然以戰爭比決鬬。極爲不倫。可斷言者。西洋之所謂決鬬。即日本之所謂果合。（即中國之比武也）其目的所在。一爲名譽。一爲面目也。（面目猶言體面之意）其較力也。極占平等之地步。爲公明之鬬。而或一人傷。一人死。其事即止。至於他日。又無一毫之介於其心。眞不失爲丈夫也。至於戰爭。則全與之相反。其目的之卑汚。手段之陋劣。所必至者也。古之所謂揚名譽爲一騎打勝負之戰爭。（一騎打猶言一敵一如劇場之戰也）猶有似於決鬬者。然而若是之戰爭。其迂闊爲世所嘲笑。若夫戰爭之技倆。唯狡獪耳。唯譎詐耳。非如決鬬者占平等之地步。重公明之方法也。若以是而用之。宋襄之仁。非千古之笑柄乎。

較猾智之術

然則戰爭者。惟較猾智之術耳。其發達者。猾智之發達也。不見未開化之蠻人乎。其自以爲巧計也。大抵出敵之不意。或伏兵。或夜襲。或絕其糧道。或設爲陷阱。而其猾智之不及者。其身亡。

其財掠。其地奪。優者適者。以長於狡猾譎詐而獨存。於是乎用其尋常之智術者。非更無數之敎習調練而不可。而是等之敎習調練。因習之而愈精。而武器之技巧。亦相競而愈進。是古來戰爭之技術。其發達進步大體之順序也。

戰爭發達之第一步

戰爭所發達之第一步。唯其如何而陷擠敵人。其目的無論若何之卑汚。其方法無論若何之陋劣。非所問也。是豈箇人之決鬬所可同日而語乎。是豈男子之美德所稱强壯堅忍剛毅者所可互相比較乎。箇人之決鬬。其勝敗定於最後之判決。至於戰爭。則復讐之後。又有復讐者。不知演出無數之慘事也。

戰爭所證者。隱謀也。詭計也。女性的行動也。狐狸的智術也。非公明正大之爭也。社會者。決不以戰爭爲必要。欲求人類之道義。非急脫出女性的狐狸的不能也。

今日之世界各國民。爲此卑劣罪惡之行。陷無數之年少投之於兵營之地獄中。以養成其野獸之性而已矣。

愛田舍之壯丁

不見夫愛田舍之壯丁乎。其父母兄弟姊妹。牽衣道泣。迴顧其牛馬鷄犬。亦有離別可憐之色。而有情之山水。如送如迎。征夫之腸斷幾許矣。從此長辭田園。以入兵舍。日夕所聞者長官之嚴格叱咤之聲也。所見者古參兵之殘忍凌厲之色也。負巨肩重犇走東西。忍疲耐饑馳驅左右。如是者三年也。眞痛苦哉。

日所給者不過三錢耳。是殆乞丐之境遇也。果爲煙草之費乎。果爲郵稅之費乎。甚且不免古參兵之虐遇。非賂以酒食之資不可。非供其小使之金不可。若稍富者。猶之可也。至若貧者。則

餓鬼道之困苦

此三年之久。實餓鬼之困苦也。實牛頭馬面之呵責也。而富者尙或以曾受高等之教育而免。或以身體羸弱而免。而貧民之子。其能免此酷虐與困苦乎。果得謂之大公乎。然而彼等以爲避忌徵兵之檢查與脫走營舍。爲自暴自棄之極。往往寧死而不避之。其心事固可尊敬而哀愍之也。

夫如此者。既三年矣。歸來所贏者何物乎。惟父母之衰老耳。田園之荒蕪耳。而自身之行狀亦墮落耳。果爲國家之必要乎。果爲吾人之義務乎。

誇揚軍備之不休

誇揚軍備之習不休。崇拜徵兵之制不止。惟見兵營中產出無數之遊民耳。惟見消糜無數之生產力耳。惟見蹉跎有爲之青年耳。惟見兵營所在之地方增多無數之壞亂風俗耳。惟見行軍沿道之良民。無故而受彼等之踐踏耳。惟見爲軍備與徵兵而使國民無一斛麥無一寸金

耳。而況科學的文藝的與高遠之宗教道德與理想乎。非惟不能助之。非盡破壞之而不止也。

第六節

擁軍人而不自寧

嗚呼。世界各國之政治家與國民。何事而擁無數之軍人兵器戰艦而不自寧也。盍不速脫出彼野狐相欺病犬相噬之境乎。以期更進入於高遠之文明道德之域也。

彼等不知戰爭之罪惡。且不知其害毒。故彼等不知趨而避之也。彼等不知平和與博愛爲正義之福利。故彼等不知希而望之也。何不斷斷乎廢其對戰爭之準備。而享平和與博愛之福利也。

酙酌

彼等不希生產之廉價與饒多。不希通商貿易之繁榮隆盛。而不知以軍備消糜其莫大之資本。耗損其莫大之生產力也。而不知以戰爭阻礙其通商貿易困頓之甚也。何不節省其軍備與戰爭之費用。而投之工商之業也。

平和會議之決議

不見去年俄國皇帝主唱限制軍備之會議。列國對之。決不能有一違言。英美德法俄澳白意土日清等二十餘國之全權委員。非決議明認『以限制現今世界之重累之軍備之負擔。而增進人類之有形的及無形的福利』乎。（平和會議最終決議書）而彼等非公認『協力以維持一切平和。

竭全力以帮助平和的而處理國際之紛爭。必欲國際的正義之鞏固。以爲國安民福之基礎。公平正理之原則。依國際的協商。以定立其必要」關於仲裁裁判之規定乎。國際紛爭平和的處理條約何不推擴此意志與觀念。決然徹去其水陸之軍備也。

一轉步

酙酌

彼等之言曰。今之軍備者。卽所以確保其平和也。其然豈其然乎。彼功名之念熾虛榮之心盛之政治家與軍人。大抵徒懼其銃礮之鏽澁。徒懼其戰艦之朽廢。必覓其機而欲於實地以試之。如醉漢之持劍睥睨而欲試其鋒。岌岌乎殆哉。其確保平和者。僅一轉步實爲擾亂平和耳。然在兩兩相持威力相當歐洲列國之間。則名爲勢力均衡主義。始爲確保平和者。若遇人少力弱之亞細亞與阿非利加。則又變爲帝國主義。以擾亂其平和焉。不見近時之於淸國與南阿乎。彼等汲汲於武裝者。僅支持消極之平和。決不能徹去軍備而享積極之平和者。何以故也。

彼等猶不能撤去其軍備。役役勞勞而擴張之。不竭盡其國力而不止者。何也。此無他。彼等之良心。爲其功名利慾所掩也。其正義道德之念爲動物的天性與好戰心所壓也。博愛之心爲虛誇所滅也。理義之念。爲迷信所昧也。

猛獸毒蛇之區

嗚呼。既能解箇人之武裝。國家何獨不能乎。既能禁箇人暴力之決鬬。國家何獨不能乎。二十世紀之文明者。猶未脫弱肉強食之域也。世界各國民者。猶在猛獸毒蛇之區。不能一日高枕而臥也。非恥辱之極者乎。非痛楚之極者乎。而社會先覺之士。何漫然而不加省也。

第四章　論帝國主義

第一節

野獸求肉餌

野獸磨其牙。琢其爪。咆哮而肆威猛者。求其肉餌也。不能脫野獸的天性之彼等愛國者。養其武力。擴張其軍備。自陷於迷信虛誇好戰之心者。求其犧牲也。故愛國心與軍國主義之狂熱。達其極點之時。卽爲擴張領土之政策。極其全盛之時。是固不足怪者。今之所謂帝國主義之政策之流行者。卽是也。

領土之擴張

然則所謂帝國主義者。卽欲建設大帝國之意味。建設大帝國者。卽欲大擴張其領屬版圖之意味。而吾所悲夫大擴張領屬版圖者。蓋以其因不正非義之意味。與腐敗墮落之意味。而遂流於零落滅亡之意味也。何以言之。吾試申而論之。

夫建設大帝國者。惟主人與住民開拓草萊荒蕪之山野而移植之。是固可佳也。然而智術日

建設大帝國者切取强盜也

巧。交通日便。今日渾圓之球上。何處而有無主無人之地乎。徧世界之內。既無無主人與住民者。彼等果能不用暴力。不爲戰爭。不行譎詐。而能占取尺寸之地乎。歐洲列國之於亞細亞阿非利加。美國之於南洋。其擴張版圖之政策。非皆以軍國主義行之者乎。非皆以武力行之者乎。

彼等皆爲此政策。日費千萬之金。日損數百人之命。動越期年。而不知其終局。役役勞勞。永遠自苦。非爲彼等動物的愛國心勃勃不能禁歟。

唯思張其武威。唯思滿其私慾。侵畧他人之國土。掠奪他人之資財。殺戮他人之臣民。而臣妾之。奴僕之。而揚揚曰是建設大帝國也。然卽令其果能建設大帝國。究何異於切取强盜之所爲耶。

切取强盜者。武士之習也。而非義不正之帝王政治家。所贊美而嘘助之者也。前世紀以前所謂英雄豪傑之事業。大抵如此。然默而察之。天決不恕此等之不正非義者也。古來彼等武力的膨脹之帝國。果能久遠保守者乎。彼等之帝王政治家。其初爲功名與利慾。若國內既能結合安寧。則必煽揚國民之獸性。以從征於外國也。戰而勝之。則必擴張其領土。以建設一大帝

武力的帝國之興亡

國。而國民則炫於虛榮。而軍人則日長其權勢。以壓制酷虐新附之領土。以重徵其貢租。奪掠其財貨也。而繼其後者。則領土之荒廢困竭。不平叛亂相乘而起。而本國之奢侈腐敗墮落隨其後焉。而其邦家又更爲其新興之帝國所征服。古來武力的帝國之興亡。其揆一也。

昔在西比阿見加魯些志之廢跡而歎曰。羅馬亦有如此之一日乎。然竟有如此之一日也。成吉思汗之帝國安在乎。拿破侖之帝國安在乎。神功（神功皇后）之版屬安在乎。豐公（豐臣秀吉）之雄圖安在乎。如朝露。如晨霜。消滅而無痕矣。若謂基督教國之帝國。決不滅亡。則羅馬帝國之末年。非受基督教化者乎。若謂解放蓄奴以後之帝國。決不衰頹。西班牙大帝國之本土。非廢蓄奴之制者乎。若謂工業的帝國。決不零落。木麥人及呼羅林他因人。非工業的國民乎。

國旗之零落

國家之繁榮。決不因切取强盜而得之也。國民之偉大。決不因掠奪侵畧而得之也。文明之進步。決不在一帝王之專制也。社會之福利。決不在一國旗之統一也。唯在平和。唯在自由。惟在博愛。惟在平等。昧昧我思之。我國北條氏治下之人民。比忽必烈之士卒。果誰得遂其生乎。今日白耳義之人民。比俄德諸國之人民。其享太平之幸福。孰爲優劣乎。

故以工商業而建國旗者。與帝國主義而建國旗者。固相殊也。否則其國旗之零落。可立而待也。前車既覆。後車繼徇其軌。如走馬燈之迴轉。不知其所究極。吾不禁爲西比阿而歎息。又不禁爲今日歐美諸國之末路而慴慴然懼也。

第二節

國民之膨脹乎

而帝國主義者曰。古之建設大帝國之帝王政治家。爲功名利慾所驅使。是洵然矣。然今之擴張領土者。爲其國民膨脹之不得已也。古之帝國主義。爲箇人的帝國主義。今之帝國主義。爲民國的帝國主義。決不得以古之非義與惡害。而律今之世界也。

少數之軍人政治家資本家

是眞然乎。今之帝國主義。果爲國民之膨脹乎。是非少數之政治家與軍人功名心之膨脹乎。是非少數之資本家與少數之投機師利慾之所膨脹乎。但見彼等所謂『國民膨脹』之一面。而不見多數之國民。樂於戰鬬之生活者之甚激也。而不見社會上貧富之益懸隔也。而不見貧窮者饑餓者與無政府黨及諸航之罪惡者之益增加也。以彼等如是之多數國民。何遑能爲無限之膨脹也。

而彼少數之軍人政治家資本家。不惜妨害多數國民之生產。消糜其財貨。掠奪其生命。以建設其大帝國也。不惜犧牲其多數其自國國民之進步與福利。而脅嚇淩虐彼之貧弱之亞細

德蘭生瓦路之征討

數萬人之鮮血之價十億萬圓

亞人阿非利加人及非律賓人也。而名爲國民之膨脹。眞耶妄耶。假使此多數之國民。不與聞此政策。未見其膨脹也。惟爲彼等野獸的好戰心所煽起。不一時爲愛國心之虛榮迷信狂熱之發越也。其非義與毒害。決不讓古帝王之帝國主義明矣。

英國之征德蘭士瓦路也。奪波亞人之自由之獨立。奪其大利之金礦。以統一阿非利加於英國國旗之下。縱貫其鐵道。而少數之資本家工業者投機師之利慾。於是滿足也。而些須路羅德之野心。與志揚巴林之功名心。於是滿足也。而彼等爲此無用之目的。任其如何之驚恐而不顧。但求爲其犧牲而已矣。

一千八百九十九年十月。自德蘭士瓦路戰爭開始以來。吾之著此書起草之時。方五百日。其間英兵之死者。已達一萬三千。負傷者倍之。因傷而支體不具。免兵役而歸家者。三萬人。土人之死者。不知其數也。嗚呼慘哉。

不更見爲彼等財政的犧牲乎。爲其二十萬之兵士。曝於二千里之外。爲其往返多數之船舶。一日之費。實算二百萬圓。彼等非以十億圓之富。而購兩國民之鮮血乎。而其間之金礦。以戰事而停止採掘者。殆減二億圓金之出產。非獨兩國之不幸。其影響於世界之福利者。尙不尠也。

至若土人之慘狀。尤爲可憫。彼等爲英人之囚虜。竄於新德耶列拉者六千人。流於蘭錫島者二千四百人。今者其志耶列路將軍。更送一萬二千人於印度。而兩共和國之壯丁。調殘殆盡矣。田園荒蕪。廬宇傾頹。兵馬所經。野無靑草。嗚呼。彼等果何咎乎。果何罪乎。既如此矣。今之帝國主義者。猶得謂非非義不正乎。非橫暴毒害乎。可容於有高尙道義之國民乎。可容於二十世紀文明之天地乎。

德意志之政策

以尊自由愛平和稱於世界之英國。猶然如此。更何論於德意志矣。彼德意志者。固軍國主義之化身也。爲大擴張其海陸軍備。常以多數貴重之事物。供其犧牲。更無足怪矣。去年北淸之亂。德意志皇帝復讐之語不絕於口。派瓦路的路斯將軍。特至東亞。是年九月。同國社會黨大會之決議。於德意志帝國主義之眞相。喝破而無餘蘊矣。

德意志社會黨之決議

馬易索開德意志社會黨之總會。其決議摘錄於左。

德意志帝國政府於支那戰爭政策者。出於資本家之利益狂心。與建設大帝國之軍事的榮譽心。掠奪的情慾心而已。此政畧者。以强制的領有外國之土地。抑壓其住民爲主義者。

美國之帝國主義

也。此主義之結果。掠奪者振其獸力以逞其破壞。以强暴非義之手段。充其吞噬之慾。決其彼之受虐待者。斷不敢向掠奪者而試其反抗之力也。雖然。是等之獸力。僅足以欺壓彼之老大帝國耳。而海外之掠奪政策及征服政策。必喚起列國之嫉視與競爭。於是海陸軍備之負擔。不至不堪而不止。國際上之葛藤。必招危險。則世界一般之混亂不知其所稅駕矣。我社會民主黨者。與『人間與人間』互相抑壓互相滅燼之主義爲反對者也。斷乎必與掠奪政策征服政策爲反對。以保護人民之權利。而尊重自由與獨立。依近世文明之敎義。與世界各國文化之關係及交通之關係而保持之。是吾黨之所希圖也。現今各國中流社會及軍事上之有勢力者。所應用之敎則。皆爲對文明的之大侮辱。是吾黨之所必反對也。

何其言之公明高尙也。所謂炳乎與日月爭光者。非此論乎。

然則依掠奪征服以圖擴張領土歐洲諸國之帝國主義者。是對文明人道之大侮辱。不待言矣。進而再徵美國之帝國主義。其非義與不正亦豈讓於彼耶。

美國之初。則助起耶巴之革命黨。以與西班牙戰。自稱爲爲自由、爲人道、以除其虐政。若眞有若此之高義。足以發揚公理者。若起耶巴之民。果眞感恩慕德。以希爲美國治下之民。則併之

非律賓之併吞

獨立之檄文建國之憲法奈何

亦何不可。而美國者。必百方詭計以摘發起耶巴島民煽動教唆之迹。而乘其隙焉。卒至於吞。併征服非律賓羣島而後止。是猶可恕歟。

彼美國者。果眞爲起耶巴革命黨之自由而戰乎。而何束縛非律賓人民自由之甚也。果眞爲起耶巴之自主獨立而戰乎。何侵害非律賓自主獨立之甚也。反其人民之宗旨。而以武力暴力而强壓之。羨其地之美富。而爲攫奪之計。實爲光彩燦爛之文明與自由之汚辱。而美國建國以來歷史上之穢史也。夫彼吞併非律賓之富地。於美國固有多少之利益。然爲一己之利益而背文明之公理。可乎。則古之武士切取强盜之主義。亦爲一己之利益故也。彼等將其祖先獨立之檄文。建國之憲法。孟羅之宣言。置於何地耶。

姑勿論夫擴張領土。非國家生存之必要。出於不得已也。而彼等出師之初。非高唱自由與人道乎。忽變而藉口爲國家生存之必要。何其墮落之太速也。

假如彼等之言。非擴張領土也。而爲美國經濟的生存危險也。然彼縱不併吞非律賓。其所得之利益。未必不如之也。果藉非律賓而救其危險乎。果有生存一日不可緩之勢乎。果有衰亡即在時間之問題乎。彼等之土地之人口。彼等之資本以企業的無限之勢力。而敢設此悲觀的口實。果欺人耶。抑亦自欺耶。

美國之危險

吾所敢決烈而信者。將來美國國家生存之危險。萬一有之。其危險決不在領土之狹。而在擴張領土之究極也。不在對外勢力之不張。而在社會内部之腐敗墮落也。不在市場之少。而在富厚分配之不公也。不在自由平等之滅亡。而在侵略主義帝國主義之流行跋扈也。

美國隆盛之原因

則試研究美國今日所以致若是之隆盛繁榮者。自由耶。壓制耶。理義耶。暴力耶。資本的勢力耶。軍備的威嚴耶。虛榮之膨脹耶。勤勉之企業耶。自主主義耶。帝國主義耶。今日彼等爲一種功名利慾。爲愛國的狂熱。競入邪徑而不返。吾爲彼等前途之危險而大懼。吾又爲自由正義人道而深悲也。

德莫拉多黨之決議

去年之秋。美國呼易阿瓦州之莫德拉多黨決議之一節。深得我心矣。其言曰。

吾人之反對征服非律賓者。蓋深痛夫帝國主義。即軍國主義意味也。蓋深痛夫軍國主義。即武斷政治意味也。蓋深痛夫武斷政治者。即合議政治死亡之意味也。即政治的及工業的破壞其自由之意味也。即殺害世界之權利平等。殲滅世界之民主制度之意味也。

然則帝國主義之所極。必行如此之不正與害毒明矣。

第三節

移民之必要

英德之帝國主義者。以爲建設大帝國之必要。第一之論據。則在移民。彼等揚言曰。今日我國之人口。日益繁殖。而貧民日益加增。所以擴張版圖者。不過移住人口所不得已者也。貿貿然聞之。於理亦似尙近也。

人口增加與貧民

然而英德之諸國。其人口之增加。實事也。至若貧民之增加。別有因由。而可歸於人口之增加耶。欲救濟之。舍移住海外之外。遂無策耶。是殆未嘗一考也。如彼等之言。即其論而研究之。人口多者財富乏。人口少者財富饒。果有是事耶。是可笑之甚也。是實未知社會進步之大法也。未知尼西亞路塞因土也。未知經濟之學理也。

禽獸魚介者。皆食自然之食物者也。食者益多。則食物益減。必至之理也。若夫人者。生產的動物也。有利用天然力自得其衣食與生產之智識與能力。而此智識與能力者。一年異於一年一時代異於一時代。駸駸改良。以增加其進步者也。故自殖產的革命之行以來。世界之人口同時已增數倍。其財富亦漸增數十倍矣。故英德諸國者。非實占取世界財富之大部。而尙藉口貧民歟。

貧民增加之原因

雖然。德之財富。既冠世界矣。而貧民仍日增加者。豈人口充溢之罪。蓋別有因由。存乎其間也。彼等貧民增加之因由。因現時經濟組織與社會組織之不良。因資本家與地主壟斷法外之利益。與土地因財富分配之失其公平。故自吾而策之。非依眞正文明的道義與科學的智識。以除去此弊因不可。但如移民之策。不過一時之姑息灌腸的治療耳。縱令全國之民。移住淨盡。而貧民仍不能絕迹於世界也。

更推而求之。彼之移民者。果爲對人口充溢與貧民增加之惟一救濟策。而彼等果非爲擴張版圖之必要乎。非爲建設大帝國之必要乎。彼等之人民。非隸於本國國旗之下。而能生活乎。則何不見諸實事。以釋吾人之疑也。

英國移民之統計

英國版圖之廣大。既以遍於『日所照處』而見稱於世界矣。自一千八百五十三年。至千八百九十七年之間。英人及愛蘭人移住海外者。約八百五十萬人。其自國而赴殖民地者。不過二百萬人。其餘之五十萬人。皆自北美合衆國而至者也。今餘一千八百九十五年英國移民之統計表於左。以備吾人之攷察焉。

北美合衆國	一九五、三三二人

澳洲	一〇、八〇九
北美英領土	二二、三五七

其自自國而赴領土者。不過對六之一之割合耳。

彼等移民者。不必問其必自鄉里也。不必問其必自母國之版圖也。故知彼帝國主義藉口移民爲必要者。決無理由也。

吾之痛惡移民之事者。非如司拔路他人惡其奴隸人口之增加而殺戮之也。必求進步之方法。此固毫不容疑者。蓋世界之中。擴張所得之領土。本來有限。而人口之增加仍無限也。若必移民於自國之領土。其困迫可坐而待也。

昧昧我思之。英德諸國之初向亞細亞阿非利加無人之境。而求其領土而分割之。而所移之民。遂充滿於所分割之領土。而更進而求其餘之領土。至無餘地。於是彼等諸國。非相殺相奪而不可。而武力強大之一國。不得不取他國之領土而移殖之。而其所得之領土。不數年而又充滿。而後來者。又復困迫零落而無策焉。帝國主義者之理論之目的如此也。甚哉其非科學的之所能實測也。

斟酌

移民與領土

大謬見

新市場之

更就一面而觀之。彼法國之擴張領土也。如火如熾。求之不已。然彼之人口。決不見其增加也。其貧民之比較的未見其多也。彼以移民爲必要者又何說也。

今日之美國。亦求擴張領土者也。非關其人口之增加。以移民爲必要明矣。美國領土之大。天富之饒。世界移民之就之者。如百川之朝宗也。而以英國之人爲占其多數。若德意志人。自一千八百九十三年至一千八百九十七年之間。移住海外者二十二萬四千人。其十九萬五千人。皆自美而移者也。而瑞西和蘭斯康已拿挪諸國之移民者。亦皆如之。世界各國之移民。將欲併吞美國。而美國猶復獎勵移民者。豈眞人民之膨脹歟。

伊太利糜財巨萬。殺人盈野。苦鬬不已。所得馬比西尼亞廣漠之殖民地。其所移民。皆赴南北兩美外國國旗之下者也。

吾故斷而言之。名爲帝國主義。而建擴張領土之政策。以移民爲必要者。是大謬見也。若夫僅以移民爲口實。是不徒欺人。而實自欺之甚者也。皆不足論者也。

第四節

帝國主義者萬口同聲曰。欲以商務而建國旗。則擴張領土者。實爲我商品求市場最急之要

必要

黑暗時代之經濟

生產之過剩

務也。

吾不知欲益列國交通之便利。欲益列國貿易之繁榮。而英國物品之市場。必不在英國國旗之下。而必移民以求之。德國物品之市場。必不在德國國旗之下。而必移民以求之。吾眞不解其理由之何在也。吾人之貿易。非强以武力暴力。則必不得行之。吾又不解其理由之何在也。黑暗時代之英雄豪傑者。爲希自國之富盛。故常侵掠他國。刼掠其財富。徵收其貢租。成吉思汗帖木兒之經濟固如此也。若帝國主義者。亦唯壓倒其餘之蠻族。侵奪其土地。臣僕其人民。强其買賣。以爲其經濟的主義。何異黑暗時代之經濟也。是文明時代之科學。所決不許者也。試問彼等何以爲開拓新市場之必要。曰苦於資本之饒多。與民產之過剩（猶言有餘）也。嗚呼。是何言歟。爲彼等資本家工業家苦於生產之過剩。就其一面而觀之。而不見數千萬之下層人民。號泣而訴其衣食之不足也。彼等生產之過剩。非眞爲其需用也。爲多數人民購買之力不衆也。多數人民乏於購買之力者。財富之分配。失其公平。而貧富之懸隔太甚也。歐美貧富所以懸隔太甚者。以富者之資本。由堆積於一部少數之手。而多數人民之購買力。遂至極其衰微。實現時自由競爭制度之結果。亦由於彼等資本家工業家對其資本而爲壟

今日之經濟問題

斷法外之利益也。故歐美今日之經濟問題。數禁其壓伏其餘未開之人民。强其消費其商品。則非亢進其自國多數人民之購買力不可。欲亢進自國之購買力。非禁其資本家壟斷法外之利益。其對一般勞働者。公平分配其利益不可。欲分配之公平。非改造現時之自由競爭制度之根本的。而確立社會主義的制度不可。

確立社會主義的制度

果能如此。資本家之爭競必無可壟斷之利益矣。既無壟斷之利益。則多數之衣食分配必能公平。多數之衣食既足。則生產必無過剩之事。生產既不憂過剩。又何必假國旗之威嚴以行帖木兒的經濟乎。果能如此。則實所謂文明的也。科學的也。而亦實爲道義的也。

而歐美之政事家商工家。而計不出此。惟誇一時之虛榮。本永遠以行其壟斷之策。爲擴張海外之領土。而抛莫大之資。滔滔日下。而不知其所底。而其結果究何如乎。惟見其政府之財政。益膨脹也。資本家之利權益吸收也。商工家之利益益狂急也。分配之貧富益不公也。而領土之擴張則愈大。而貿易之總額則愈增進。而國民多數之困窮則愈增加。不至於破產墮落而不止。

破產與墮落

縱令彼等擴張領土之費用。其困竭不至於如吾前之所云。以至於破產墮落。則誠幸矣。然而

遊牧的經濟

如今日列國競爭之勢。所謂求新市場者。將來果存幾何之餘地乎。至無餘地之際。則必生而待饑而後可。否則必列國互起相鬬相奪而後可。不見夫逐水草而遊牧者乎。水草旣盡。則必束手待斃。否則非相殺相掠。則有不能自存之勢矣。帝國主義之經濟。夫豈遊牧經濟耶。然而彼等爲求新市場之餘地。列國相掠之兆。今已見矣。英人『曰德意志吾市場之敵也。非擊破之不可。』德人曰。『英吉利者。與吾競爭者也。非壓倒之不可。』而兩國戰爭之準備。惟日不足奇哉。彼等之通商貿易。不在相互之福利。而在損他人以自利也。不在競平和之生産。而在事武力之爭奪也。

英國之貿易

夫英國者。非德意志貿易之最大華主耶。德意志者。非落英國貿易華主第三位以下者耶。兩國之貿易。最近十年之間。增加旣至數千萬。英國對德國之貿易額。與其在澳洲者比較。雖不無遜色。而合加拿大與南阿相比。則夐乎大矣。而德國輸入英國之資本。其利用者亦甚尠少。而彼等或欲擊破之壓倒之而後快。是其貿易之大部。必起絕大之殺機而後已也。其餘列强之關係。大抵如此。

華主之殺戮

若天下之商人。皆殺戮其華主。以奪其財貨。而謂爲得貨殖之訣。可笑之事。孰有甚於此乎。彼歐美諸國之欲排抑他人而圖自國之利者。何其與此相類之甚也。

吾所痛心疾首而不能已於言者。蓋嘗研究而推其極矣。今之所謂市場擴張之競爭者。亦猶軍備擴張之競爭也。關稅之戰爭者。亦猶武力之戰爭也。彼等之所以苦人者。實所以自苦。彼等所以抑他人之利益者。實所以自抑其利益。而使其多數之國民。以陷於困迫饑餓腐敗滅亡也。吾故曰。帝國主義之經濟者。蠻人的經濟也。帖木兒的經濟也。不正也。非義也。非文明的也。非科學的也。逐政事家眼前之虛譽。而爲投機師博一時之奇利也。

日本之經濟

退而自觀我日本之經濟。更有甚者。我日本者。亦欲藉武力而建國旗於海外者也。而我國民投幾何之資本於此國旗之下。於此市場能製造幾何之商品。於是而果擴張一領土。則武人必益跋扈。政費必益增加。資本必益欠乏。生產必益萎靡。我日本將持帝國主義而進乎。其結果惟如此而已矣。

其愚不可及

歐美諸國之帝國主義者。則藉口於資本之饒多。生產之過剩。而日本經濟之情實。則全與之相反。歐美諸國之建設大帝國者。其腐敗與零落。雖可決然。然猶或有若千年間誇其國旗之虛榮。至我日本。苟或建設帝國。豈能維持一日。而多數之軍隊。擁戰艦者。而大呼曰。帝國主義哉。我日本之主唱帝國主義者。其愚不可及哉。

第五節

英國殖民地之結合

英國之帝國主義者又曰。吾之講求武備者。蓋欲統一結合。以鞏固殖民地之全體耳。此說者尤彼好戰的愛國者之所喜也。而其可笑之甚。不足一道矣。

彼等英國之民。所以防備不懈慄慄危懼者。非爲其領土過大歟。彼等各殖民地之人民。當其生於母國也。幾不聊生。爲得其自由。爲求其衣食。遠適異國。始爲移住之人民也。今幸而得遂其志。而享繁華之幸福。何苦更隸於大帝國統一之名下。甘受母國之干涉桎梏乎。何苦更爲母國而負擔其莫大之軍費與兵役乎。何憚於離其母國而自立於歐美列國紛爭之際乎。其

不利與危險

不利與危險。蓋莫大於是矣。

夫武力之無用與罪惡。前既言之矣。然用爲防備自國之必要。此又列國不可告人之隱慝也。故其防備之周。武威之熾。惟因其領土之廣大也。惟因建設大帝國之防範也。不見擊破夫呼伊尼布二世之西班牙大帝國者。非當時之英國。而在於所謂小英國者乎。擊破路易十四世負國大帝國者。非當時之英國。而在於所謂小英國者乎。

小英國當時武力之斟酌

然則彼等武力。放燦爛之光彩者。惟當時之小英國爲最著耳。故彼等之唱帝國主義者。愼其

防備。而尤引爲至憂。故斷斷乎不許各殖民地之獨立也。惟其如此。彼等始得高枕而臥。而各殖民地之人民。亦減其自由之福利。而彼等然後快於心矣。

英國繁榮之原由

然吾細察英國之繁華膨脹者。決非因其武力也。實因其饒多之鐵與石炭之膨脹也。決非因其武力之侵奪刼掠也。實在其平和之製造工業也。而彼等偶一誤其目的。而逞其野獸的也性。以逐古代帝國主義之迹。其遇殖民地之人民。概以帖木兒的經濟之手段施之。既而懲於合衆國之離叛。翻然乃改其圖。始許各殖民地之自治。故彼等領土之廣大者。徵其實事決非帝國主義者之所謂帝國。徒以形成言之也。惟其血脈語言文學。無不相同。爲其有眞箇之同情。故其貿易自有相互之利益。能聯合而持永久之運命。以致無限之繁榮也。

大英國帝國存在爲他日之問題

然則英國者。使其早醉於武力的虛榮。汲汲縱橫於大陸諸邦。豈能致今日之廣大乎。今日雖云廣大。然將來爲其國旗與武力之光榮。而冒各殖民地之不利與危險。以失其同情之感。則將來大英帝國之存在與否。實他日之一問題也。

而今日彼志揚巴林勃勃之野心。將繼比德志士列利之衣鉢。率此平和的大國民。沈湎於軍國主義帝國主義之惡酒。以履古來之武力的帝國滅亡之轍。吾深爲此有名譽之國民所大

其布林達與賓列

帝國主義者獵夫之生計也

惜也。

然此急功名之軍人政治家。逐奇利之投機師。猶可恕也。至若具特出之智識與學術。於國民之心靈的教育有無限之責任之文士詩人。胥率而唱道武力之膨脹。實可痛之極也。如英國之其布林達、賓列。其最甚者。

彼等野獸的愛國者。爲逞其野心而自贊美曰。國旗之光榮也、偉人之勳業也。國民的思想之喚起也。孰不以生於些須路羅之英國爲幸也。孰不崇拜其志耶列路之功績也。一爲擴張我帝國數千里之版圖。一則以雪加母之國恥。以蠻野獷悍之俗。而代之文明平和。故帝國主義者。於野蠻人則討伐之。殲滅之。以布文平和之治也。嗚呼。帝國主義之生命活力。唯在蠻人存在之期間乎。亦如獵夫之生計。惟在其附近山野之飛鳥與走獸乎。帝國主義。果其如此乎。南阿已平定矣。試問羅志更於何處而再求南阿歟。斯唐既征服矣。試問其志耶列路更於何處而求斯唐歟。至若討代蠻人者。彼等不知大失其國旗之光榮也。消滅其國民的思想也。汚壞其偉人之勳業也。果若是者。豈帝國主義前途之佳境歟。

若其布林達君與賓列君者。惟以大言壯語煽起國好戰之心而已。其思想不暇他及也。自吾而視之大類於兒戲也。眞箇希社會文明之進步與福利者。豈若是哉。

第六節

帝國主義之現在與將來

自前所述者而攷察之。所謂帝國主義之現在與將來。不難知也。彼之愛國心。如此其卑也。其軍國主義。如此其惡也。而本是以行其政策。其結果不至於墮落與滅亡而不止也。

彼等之所謂建設大帝國者。非必要實慾望也。非福利實災害也。非國民的膨脹。實少數人功名野心之膨脹也。非貿易實投機也。非生產實强奪也。非扶植文明。實壞滅他人之文明也。是豈社會文明之目的耶。是豈經營國家之本旨耶。

勿言爲移民也。移民非擴張領土之必要也。勿言爲貿易也。貿易亦非擴張領土之必要也。擴張領土之必要者。惟軍人政治家之虛榮心。惟投機師趁金鑛及鐵道之私利心。惟供軍需所用之商人之壟斷心而已。

國民之尊榮幸福

夫國民之尊榮幸福。決不在領土之偉大。而在道德程度之高。決不在武力之强盛。而在理想之高尚。決不在軍艦兵士之多。而在衣食生產之饒。英國昔日之尊榮與幸福。而能撫有强大之印度帝國者。是時也。果有一些斯比亞者在歟。果有一加拉伊路者在歟。果誰歟。其自欺乎。

抑亦欺人乎。

德意志國大德意志人民小

沙亞羅巴德莫利耶路氏曾評俾斯麥曰。彼蓋誤以德國爲大而以德國之人民爲小也。不知僅以領土之偉大而與國民之偉大者。乃反比例也。彼等之欲建設大帝國者。惟其武力之膨脹也。野獸的天性之膨脹也。彼等但富其國。而貧其人民也。但强其國。而弱其人民也。但輝其光國威。而腐敗墮落其人民也。故曰帝國主義者。其國大。其人小。

一時之泡沫

國民既小矣。而國家豈能獨大乎。如其大也。不過一時之泡沫耳。空中之樓閣耳。沙上之瓜印耳。罡風忽起。霧散雲消。是古來歷史之所燭照也。哀哉。世界列國競向於若此之泡沫的膨脹力而自趨於滅亡。而不自知其危險也。

日本之帝國主義

我日本之今日。亦此主義狂熱達其極點之時也。擴張十三師團之陸軍。三十萬噸之海軍。增大臺灣之領土。遣派軍隊。干涉北淸之事件。以揚其國威與國光。軍人之胸間。裝飾無數之勳章。議合從而贊美之。文士詩人從而謳歌之。而是等之武力。有幾何之關係於我國民者乎。有幾何之福利與我社會者乎。

其結果

八千萬圓之歲計。不數年則三倍之。經營臺灣者。自占領以來。奪去內地一億六千萬之費。二億之償金。條爾消失。而財政日益紊亂。輸入者益超過之。政府遂不能不增稅。以增稅之故。於是市場益困迫。風俗益頹廢。罪惡者亦日加增。而改革社會之說。則嘲罵以迎之。敎育普及之論。則冷笑以遇之。國力日竭。民命日蹙。若是之境。果從流而忘反。則數年之後。吾恐東洋之君主國。有二千五百年之歷史者。殆如黃粱之一夢也。嗚呼。是非我日本帝國主義之功果歟。

吾敢斷言之曰。帝國主義之政策。爲少數之慾望。而奪多數之福利者也。爲野蠻的感情。而沮礙科學的進步者也。殲滅人類之自由平等。戕賊社會之正義道德。破壞世界之文明之蠹賊也。

第三章　結論

嗚呼。二十世紀之新天地。吾人果如何經營而求其完全歟。吾人欲世界之平和。而帝國主義則擾亂之也。吾人欲自由與平等。而帝國主義。則破壞之也。吾人欲生產分配之公平。而帝國主義則激成之而使之不公也。文明之危險。實莫大焉。其奈之何。

是非吾之私言也。去歲『紐約瓦德』新聞。公『二十世紀之危險』爲命題。而徵歐美諸名士之之意見。答之者無不以軍備主義與帝國主義之可恐爲言。呼列的利巴尼林曰。將來政治上之危險。惟在歐洲列國。蓄積軍隊兵艦及軍資之過甚。其結果也。即誘彼等之統治者及其人民。而爭覇權於亞細亞及阿非利加之野而已。桑希爾曰。二十世紀之危險者。中古之思想反動的興起之軍國主義是也。加伊路巴路志曰。最危險者。莫若軍國主義矣。加路布拉因德曰。最危險者。帝國主義也。

然則帝國主義之可忌可恐者。亦猶耶斯德之流行也。其所觸者。不至滅亡而不已。彼之所謂愛國心者。實病菌也。所謂軍國主義者。實傳染之媒介也。蓋自十八世紀之末。法國革命之大清潔法者。掃除歐洲之敝惡。幾將歸於湮沒。自後英國三十二年之改革。法國四十八年之革命。伊大利之統一。希臘之獨立。皆所以防禦此時疫也。而其間若拿破侖。若美的路易。若俾斯麥輩。撒布此病菌於天地之中。至今日而又發生者也。

至於今日。此愛國之病菌。蔓延於朝野上下之間。而帝國主義的耶斯德傳染。於世界列國。不盡毀破二十世紀之文明而不已。有志改革社會之健兒。以國家之良醫自任之仁人志士。非乘時奮起而急救之。其忍袖手默視耶。

然則果如何計以應今日之急症也。曰無他。惟更向社會國家再施其大清潔法。質而言之開始世界的大革命之運動耳。變少數之國家。爲多數之國家。變海陸軍人之國家。爲農工商人之國家。變貴族專制之社會。爲平民自治之社會。變資本家橫暴之社會。爲勞働者共有之社會。而後以正義博愛之心。而壓其偏僻之愛國心也。以科學的社會主義。而亡其野蠻的軍國主義也。以布拉沙呼德之世界主義。而掃蕩刈除掠奪的之帝國主義也。是救之之必要也。惟能如此。而後吾人始得改造此『不正』『非義』『非文明的』『非科學的』現時之天地也。而後可期社會永遠不進步人類全般之福利也。如其不然。則趁此今日之趨勢。以放任而漫不加省。則吾人之四圍。惟百鬼之夜行也。吾人之前途。惟黑暗之地獄也。志士仁人。能禁口如寒蟬如仗馬哉。

二十世紀之怪物帝國主義終

光緒二十八年七月初十日印刷
光緒二十八年八月十六日發行

（定價大洋四角）

著者　日本土佐　幸德秋水
譯者　中國武陵　趙必振曰生
印刷所　上海英界大馬路同樂里　廣智書局活版部
發行所　上海英界大馬路同樂里　廣智書局

帝國主義

尚志學會叢書

革命心理 上

商務印書館發行

尚志學會叢書

法國黎朋原著
杜師業重譯
吳福同增訂

革命心理

上册

商務印書館發行

革命心理序

法儒黎朋。國人當已習聞其名矣。吾自歸國以還。卽以其著之羣衆心理爲枕中祕本。顧其時止有英譯。尚無日譯也。辛亥革命以後。吾方思取彼所說羣衆心理之理。以研究革命。而其著革命之心理又出版矣。吾以不諳法文故。日夕盼英譯之早成。當吾得見英譯。而日譯固未成也。吾以是知譯書之難言焉。設是時有人從事於迻譯。又何必借重於東鄰耶。然亦足見彼邦有人專心於譯事。非若我之心有餘而力不足也。

黎朋博士之說。精邃絕倫。而其學歷亦足驚人。據聞其初習醫。得有博士學位。顧不願以醫學見長。人必以爲其研究民族心理與羣衆心理。而謂其喜形而上學。殊不知其於物理。乃有發明。所著『物質之進化』吾曾取其德譯之本而讀之。其以爲物化爲力。力則漸耗焉。此論出。而天經地義之物質不滅說破矣。尙有『力之進化』一書。以未有譯者。吾乃不得一讀。遺憾爲何如耶。然亦可見其思想精邃之一班矣。

年來獨居深念。以爲政治已陷絕境。於此絕地而仍爲政治活動。非徒無補於國。抑且有損乎己。惟人之精力不可無用處。於是遂閉戶譯書。彙校閱友人之所譯。固不敢自信能灌輸文明。然惟有率此祈嚮以行而已。此書本爲杜君所譯。由吳君加以增補。杜君據日譯之本。吳君則據英譯。故有不同之所。爰爲述其由來如此。

民國七年六月十五日張東蓀序

革命心理目次

革命心理　目次　二

第二篇　法蘭西革命

（甲）法蘭西革命之起原

第六章 革命軍隊

第七章 革命首領之心理

第三篇　現代革命主義之展發

革命心理

緒論

歷史之覆按

世莫不曰知識之用。貴乎發明。不知此亦以時代而殊耳。其在今日。則非僅發明其新知之時期。而亦覆按所已知之時期也。試以科學言之。彼科學上之舊主義。所認爲第一原因。而緣以求知之現象。今殆無一存者。蓋覆按之下。則知前日之確知。其後恆不足以自信。如物質不滅之說。重學家所信爲物質上之公例者也。然由今考之。則物質者不過暫存與過渡之凝結體耳。非永久不滅者也。蓋重學上之公例。失之久矣。

由上之說。而推論及於歷史。則學問上之定理。有時而破者。歷史上之斷案。卽有時而翻。故覆按、之說。雖歷史學者。亦不得而外之。知此乃可與言法蘭西之大革命。大革命之事跡。近世史上之大悲劇也。世之研究此悲劇者多矣。殆以爲修正文字刪改節目之外。無餘事矣。而不知由今考之。事固有大謬不然者。今試任舉一自信力最強者。而爲此悲劇之辯護人。當其下斷案時。其能不大費躊躇者幾人耶。嗟夫、時勢遷流之下。不特是非得失。今未必如古所云。乃至對於神聖教理之信仰。亦駸駸焉隨以動搖。試一翻法蘭西革命最近之著述。則其中未能確定之點。更僕難數。所得而詳語者。事實而已。以云論斷。戛戛乎其難哉。匪直此也。今之評論家。其對於大革命之事跡。固所謂不稍假借者也。乃疑問之點。

愈擴而愈多。彼革命以來。一切法令。嶄然一新。方其創制之始。夫豈不曰革故鼎新。文明進步之結果使然。然由評論者視之。則所謂文明云云。進步云云。果出於自然者耶。抑猶有待於勢驅力迫耶。此不能無疑矣。夫犧牲之事。必緣夫希望而起。乃犧牲矣。而其所獲得之效果。則又往往不能適如其直接所犧牲之分量。然則斷定法蘭西之革命。謂其後日遠大之結果。皆將一一應其希望。而活躍湧現。不少欠缺焉。寧非謬耶。

夫革命時代。去今遠矣。而有覆按之說。此其原因果何在耶。蓋年湮代遠。則激烈之感情。隨而緩和。而一切載籍之足資參考者。又以歷時長久。旁搜博採。而集其大成。乃知所見所聞。各有異辭。故聚訟之端。於是乎起。而其中尤足動人感想。使之俯仰古今。評章人物。而洞然於潮流起伏之原者。則現代之心理學。且又爲一主要之原因也。

凡諸發明。多足以適用之於歷史。其中如關於古人言行之考察。支配羣衆之原則。人格消滅之實驗。羣衆心理之傳染性。乃至信仰之成立於不知不覺之間。各種論理之異其形式。諸如此點。尤堪特別注意者也。

以實際言之。則本書之利用科學。其在今日。殆尙爲最新之例。蓋往者歷史家之能事。大抵以檢證而止。苟問以革命之力之所以左右國民。而變動其運命者。其發動之原安在。其信仰又何以發生。則鮮能言之矣。

吾研究歷史之下。見夫主要之現象中。其奧博奇特不可測識者。

莫如信仰發生之現象。以此感想。乃知吾向者之議論。對於根本上之未嘗見到者。固不少焉。蓋理智之用。至於見吾所能見言吾所能言而止。必若進而求其未能見未能言者。而使之一一釋然於心。則不得不訴之他途也。

吾之漫遊各地也。固將謂由是而偏觀名山大川。與天下通人志士遊。發思古之幽情。考文明之遺跡。黽勉而求之。庶幾其有當也。而不意其所得者乃一不足稱。吾以此反復求之。乃知凡一問題之成立。必緣他議題而起。二十年來。循是術以往。凡所研究。輒以其結果公之於人。讀吾書者。必有以驗之。

吾最初嘗以全力研究國民進化之心理的原則。因念夫歷史上一民族之形成。往往有由於歷史上偶然之時勢使然者。以此乃得證明其心理上。具有一種固定之性質。然後進而推究其制度言語藝術等之種種變化。而試爲說明。至如個人之人格。以境遇上之急激變化而完全解體。此其中又別有理由。尤吾之所欲亟亟注意者。

國民所組成之集合體。爲固定的。此人人所易知者。惟此外猶有變遷過渡之集合體。謂之羣衆。所以成就歷史上之大事業者。其特性則與組成分子之個人大異。此其特性果如何。又以如何而能進化。此又當於吾近著羣衆心理一書中參論之者也。

吾積年研究之下。始恍然於他種之勢力。有爲吾所未經研究者。乃轉而留意及之。雖然、天下之事物。至繁且賾。博而通之。云何可能。吾之所欲研究者。惟此歷史上最重要原因中之所謂信仰已耳。夫此種信仰。以何因緣而始發生。世之論述者衆矣。然試問爲合理者乎。爲有意識者乎。抑無意識者乎。此又不能不認爲極困難之一問題。茲書所論。皆其大略。欲知其詳。當於吾近著意見與信仰一書中求之。

世之談心理學者。每視信仰爲有意識者。爲合理者。然而信仰之爲物。果何物也。殆依然不可解者也。吾敢反其說而立之證曰。信仰也者。非合理者也。平常而無意識者也。何以故。則以世人之信仰。往往有絕無理由可解。而歷代賢智之士。大率皆與以承認故也。

生今之世。尚論古之人。讀其書。誦其詩。舉從來歷史上之困難問題。而渙然冰釋之。此其事殆甚難。顧吾以爲無論如何。必有一術焉足以解決之而由之則得。否則失者。此術云何。則吾人當倘論之始。不可不先下斷案。而確認前此吾人所奉爲唯一嚮導之理論的論理以外。尙有所謂盛情的論理。集合的論理。與神秘的論理。之三者。固能支配一切理智。而與吾人以動機。使顯著之於行事者也。

上述論證。一經確定之後。則知古來歷史上之事蹟。所以紛紜錯綜。而陷於不可解之困難者。皆彼拘拘於極微弱之論理以爲解釋者。自叢其蔽。且以之蔽後人者也。吾鑒於此。而知研究方法中之唯一主腦。莫如心理學。吾以吾心理學之研究。進而驗諸知人論世。使人世間一切眞象。悉呈露於吾人之心目中。吾殊覺爲學問上一大樂境。吾之抱此念也久矣。始之以研究。而繼之以演繹。

凡諸法則。歷歷可循。而其內容又極富。吾以此乃決然應用之於具體的事件。此革命心理一書之所由作也。

世界之大革命。無過於吾法蘭西者。吾爲解剖吾法蘭西之革命故。凡吾平日讀書之暇。所認爲確乎不拔之說。吾輒舍去之。至於今且漸漸消滅以盡。若今之歷史家則不然。其視法蘭西之革命。渾然如一體。彼以革命時代中同時併發之現象之足以促成革命也。而概以論革命者論之。而不知其中固無相互之關係也。革命時代之各事象。殆如機械之運行。而一基於心理的原則。彼革命潮流中之人物。則又如舞臺上之演劇家。一切動作。皆行乎其所不得不行。而止乎其所不得不止。然有一不同之點。則演劇者必先研究脚本而革命人物。則其所作所爲。初未預知。而隨衆以捲入此不可解之潮流中者也。彼雖爲當事之主人翁。然其對之而相顧駭愕也。固與吾人同。彼又何嘗夢見其背後有一不可見之勢力。冥冥默默以左右之而馳驟之耶。其憤情之起。既無以自持。其弱質之偏。又不克自制。雖日日以道理標榜於衆。自謂能準情酌理以行。而實則鞭策其後。使之不得不前者。又何嘗爲情理耶。革命大家勃總林奴氏。革命記事中之言曰。吾人之決議。爲世所詬病者有之矣。然此等決議。則豈爲吾人之所希望者。卽在事前一二日間。猶無此意。蓋皆因變動猝起。有以迫之使不得不然也。否則明明不希望之。而又明明決議之。夫豈人情也哉。

夫革命之起。非由於定數。讀吾書者。當能共喻之。吾爲此說。吾固認優秀人物之活動。必具有打破此定命之力者。雖然。蓋亦僅矣。

且事往往有方始也簡而將畢也鉅者。涓涓不塞。流爲江河。及是時也。雖使大力者對之。亦末如之何也矣。蓋凡一問題之起。卽有極激烈之反對議論。隨之而出。則此時兩方面之爭。已屬於信仰範圍。而非屬於知識範圍矣。

吾向不嘗確證信仰之起源。爲無意識且非合理者耶。然則欲以理論證之。胡可能耶。

法蘭西革命之事業。信仰者之事業也。非信仰者則不能判斷之。世之對於革命也。咀咒者有焉。讚嘆者有焉。將讚嘆者是耶。抑咀咒者是耶。設有人焉姑認爲一教理而傳之於世。吾又敢決言其取捨之時。必不能以理論的論理。別定其良否也。

大凡宗教革命或政治革命。當其突發之初。雖有以理論爲要素者。然至其發展也。則爲神祕的感情的。而別含一脫然於理論以外之要素焉。

彼一般歷史家。以理論的論理而評論法蘭西革命之事蹟。其於此要素。殆未嘗見及。亦終不能見及也。何以故。以革命事蹟。非以理論的論理而起故。此其故卽詢之當時躬與革命之役者。吾知其亦瞠目而不知所對也。故謂法蘭西之革命。爲實行者與言論者同一不能知之現象。非誣語也。惟其不能知。故不能詳其現在。斷其過去。推其未來。歷史之奇例。至此無以復加矣。

今試問法蘭西革命之勢力。將謂其寄於當時所盛倡之主義乎。抑寄於其新建設之制度乎。曰、皆非也。彼當日之民衆。對於制度。旣未嘗一過問。對於主義。尤未嘗一審思也。然則法蘭西之革命。

果曷爲而如此之強且烈耶。革命現象中。若暴舉。若虐殺。若破壞。若其他可恐可怖之慘禍。曷爲由法人視之。夷然不一否認耶。其對於歐羅巴各強國侵侮之來。曷爲而能制勝耶。曰、此無他焉。以大革命之役。一以信仰行之。是乃創設新宗教者。而非創設新制度者也。夫強烈之信仰。世間不可抗之物也。以世界無敵之羅馬且對於信仰穆罕默德遊牧民族之軍隊。而屈於其前。以歐洲之帝王。亦以同此理由故。而不能抵抗國約議會粗服之兵士。彼歷史上之大教訓。固一一示之證矣。

又嘗論之。彼革命家蓋一如世之宣教者。依其夢想而以宣傳革新世界之信仰。爲唯一目的。乃不惜以一身供其犧牲者也。故革命之創設。直不啻宗教之創設。其勢力之強烈。殆與從前宗教之力不相上下。所不同者。特乏持續性耳。雖然。革命之事往矣。而流風餘韻。猶有存者。則其影響又安可不謂之遠且鉅耶。

吾人於法蘭西之革命。固非如宣傳者之信仰。以爲是歷史上空前絕後之陳迹也。唯知革命之大目的。固欲建設一新世界。以截然劃出於舊世界之外。而別開一新紀元。使與過去一切之遺跡。全然斷絕關係。此盡人所共知者。彼固以爲過去卽死滅。死滅卽過去也。而抑知不然。蓋在今日。凡往事之遺留於吾人心理者。固尚不少。卽彼當日之革命家。亦久已於不知不識中。與過去爲緣。彼其於君政遺傳。曷嘗有所改易。其所改易者。其名焉耳。不然、則彼之絜絜焉誇張舊制度之獨裁政治。與中央集權制度者。何爲也哉。故平心論之。法蘭西之革命。實際上之所破壞者殆甚稀。其落落可記者。則對於思想界之發達與以大助力是已。蓋此等助力。迄於今日。猶繼續發展而未有已也。

革命之所宣言。若曰友愛。若曰自由。雖未能深入於人心。然所謂平等主義云者。則實爲革命之福音。而後世社會主義之發生。與民主思想之發展。皆一一以此爲之樞軸。以此乃信法蘭西革命。大與帝政復興王政復古諸潮流之旋起旋滅者。異其結果。而且隨歲月之遷流。而徐徐展開。以印入一般人之心理也。

本書大部分爲法蘭西革命之研究。讀者得之。當可除幾分之迷想。而知歷來記述革命之載籍。大都不免爲架空之談。與眞相且大異。聊作稗官野史之類觀焉可耳。

雖然。此等稗官野史。較之歷史。又爲比較的有興味者。此在哲學家視之。容以爲鮮眞理卽鮮興味。然施之人民。則毋寧以架空之說爲易入。蓋雖架空之說。而綜合其理想。則又往往足爲有力之一動機。故福翁托涅爾之言曰。人不爲謬想所支持。則常至失其勇氣。彼掀兒諾太克爾傳。與國約議會之偉人傳。及帝政時代之英雄詩等。均能放過去世界之光輝。且雖在大敗之後。暗澹之秋。猶不因之少減其希望者也。此等思想。殆卽吾人祖先所留貽以畀諸吾後人之一種遺產。而其勢力則且優於事實者也。夫夢想也。理想也。稗史也。一言以蔽之曰。非事實。然其所以範成歷史者。則固不外此數端也。噫。

第一篇　革命運動之心理的要素

(甲)革命特性之一斑

第一章　科學革命與政治革命

一　革命之分類

革命之語。普通指政治急激之變化而言。然如信仰思想學說等。一切之急激變化。與夫可視爲急激之變化者。亦皆適用此語焉。「關於規律吾人行爲之言論。及組成信仰之感情的神祕的論理之要素。其勢力如何。吾人既於他書研究之矣。玆且勿贅。今所欲言者。凡革命之舉。發動以後。雖能成爲一種之信仰。然其始則必以理論爲動機。例如革命時代所揭示之旂幟。固嘗皇皇焉告於衆曰。凡現時代一切不平不均之政治。吾國人所認爲不滿意者。

吾必有以摧陷而廓清之也。故革命之起。必有苛政。必有暴君。民不堪其虐。於是乎怨恣興而革命起矣。革命之理論如此。此卽其最鮮明最充實之理由也。然此種理由。苟不至變爲感情作用時。則決不足以倡其羣而作之氣。蓋理論的論理。其效用第至指摘當時之弊害而止。而民衆之心理。則尙有各種之希望心。伏於其後。此非以富有活動力之感情的神祕的要素動之。則革命之成功與否。猶未易言。試證之法蘭西革命之時代。彼哲學家。則發揮理論的論理。痛斥舊制度之弊。以引起改革之希望。彼神祕的論理。則以特種之主義。依其原則。對於社會而鼓吹其信仰。彼感情的論理。則以解放數百年來所束縛抑制之情慾。使羣衆以慾望之故。而起激烈之感情。彼集合的論理。則又支配俱樂部或議會。

驅其會員。而使之行其理論的感情的乃至神祕的各種論理所不能行之言動。故無論何時代之革命。亦無論革命原因之如何。要非使之印入於民衆心理之後。則決無結果可言。大凡事變之起。各有其特殊之形式。而此等特殊之形式。則又必由其當時民衆之心理而生。而民衆之運動。卽因此而表示其最顯著之特徵。苟能窺見其一端。則其他舉動。皆可推而得之矣。

是故民衆。非革命之原動力也。蓋民衆如一無形之物。無統率之者。則百事皆不能爲。亦舉無可望。而一經煽動之後。則又忽焉逸出於煽動者之主義之範圍。然以其爲無形物也。則亦終於被動。而不能自動。故曰、非革命之原動力也。

是故急激勃發之政治革命。雖足使歷史家望而驚倒。實則此等革命。非大革命也。大革命云者。則必於風俗及思想之革命見之。故改變一政府之名稱者。未必卽能改變國民之精神狀態也。顚覆一國之制度者。未必卽能刷新一國之道德習慣也。

是惟眞正之革命家。其所改革。一以風俗思想爲其歸着點。及其成功。則國民運命之通塞隨之。且其端至微。而爲變蓋漸。往往沿至數十年數百年而始著。歷史家雖欲尋其發始之端。而恆苦其難。蓋此種變遷。與其用革命說。又毋寧用進化說矣。

吾茲所言。凡以研究發生革命之各種要素。然不足資以論列革命分類。故又從而考察革命之目的。而區別爲科學革命。政治革命。及宗教革命之三種。

二　科學革命

科學革命。最重要之革命也。雖未嘗熾然用事。使人人動目而驚心。然其結果之遠大。則往往駕政治革命而上之。故政治革命所不能致者。科學革命皆能致之。例若吾人之宇宙觀。自文藝復興以來。忽焉大異於其先。此無他、彼天文學上之發明。與實驗法之應用。固有以證明宇宙間之現象。皆有其永久不變者爲之律以律之。非眞恍惚渺茫。不可測識者也。

此等革命。由發生以至顯著。爲時頗遲遲。與之以進化之名。殆較爲適切。然對於此外同種類之革命之發動急激者。則又不能不稱爲革命。略述其例。若達爾文之進化論。以數年之間。而轟然於生物學界。若帕斯托刺爾發見之後。而醫學之思潮。因之大放光明。若物質斷滅論。證明從來所假定爲永久不滅之原子。不能脫離宇宙間一切元素衰滅之定律。諸如此類。亦莫非革命也。蓋此種科學革命。乃行之於思想界以內。純粹爲知識的革命。與吾人之感情信仰。絲毫無涉。故論者對之。惟有歎服而無議論。且其結果可以實驗而得之。所以無議論者。不須議論也。

三　政治革命

科學革命之外。尚有與科學革命。毫無關涉之宗教革命及政治革命。科學革命。純以理論的要素而起。而政治及宗教信仰。則一依感情的神祕的種種之主要原因。而當其構成之時。理論不過微乎其微之一勢力而已。

余所著意見與信仰一書。就感情的及神祕的起原詳論之。而得以證明政治信仰與宗教信仰。皆釀成於無意識之中。謂信仰之行爲。表面上含有理論的勢力。似矣。然徵之實際。則適得其反。凡信仰達於強烈之程度。則無論何物。且無論其力若何。要皆不能與之反抗。其時之人。憧憧然順所趨指。若受信仰之催眠術者然。而爲其信仰之宣傳者。欲貫澈其目的。則雖犧牲自身之利益幸福生命。皆所弗恤。其信仰之有條理與否。亦皆非所問。而惟覺循是則爲眞理。反之則否焉耳。又如有神祕的起原之信仰者。其思想界直純然受制於一尊之下。終身由之而靡知其他。顧又不能喩其所以然。嗚呼、此其所以爲神祕也歟。

世人於一己之信仰。旣視爲惟一之眞理。則其對於他人之信仰。必有不能相容之勢。而仇恨暴舉虐殺之事。於是乎起。歷來政治宗教的大革命。莫不皆然。而宗教改革。與法蘭西革命。其尤著者也。

向使我人於信仰之感情的及神祕的起原。與夫不相容忍。不能調和。以及神祕的信仰支配感情之勢力。置而不問。則法蘭西歷史上之事迹。其不可解者甚多。而後世史家。多昧於此理。強欲以理論的論理。解釋此種現象。此其所以格格不相入也。夫法蘭西宗教改革時代。前後垂五十年。中間一切經過。決非受理論之支配者。而史家則必欲以理論範圍之。卽最近出版之著作。亦不能免於此病。如拉維斯郎巴特所著之通史。其解釋宗教改革曰。宗教改革。乃一自然之行動。或彼或此。發生於人民之間。而推其起原。則以極虔敬之良心。與極勇悍之理論。促起個人之自由反省。

與諷誦福音所致。而抑知不然。宗教改革之行動。並非出於自然。而於理論則更自無與。蓋政教信仰之勢力。足以左右世界。而其起原。則由感情的及神祕的要素。非理論所能創造。亦非理論所能指導也。

是故政治及宗教之信仰。其起原同。其定律同。其成立也。不特不藉理論之助。有時且與理論相背。如佛教。如回教。如宗教改革。如甲古班主義。如社會主義等。其思想不同。其教義各異。而一以感情的及神祕的要素爲根據。而與理論的論理。格不相入。此則同也。

政治革命之起。或由於人民之信仰。是也。然多有以他種原因而起者。一言以蔽之曰。不平而已。不平之心理。既普徧於人民。則黨會成。而其勢力之強。每足與政府相抗。然此非可期諸旦夕也。必其積醖既久。始鬱而爲此。故革命之起。非一朝一夕之事。履霜堅冰。其由來者漸矣。雖然。近世之革命。則固有猝然而起。推倒當時之政府者。如巴西葡萄牙土耳其中國之例是也。

大凡人民之偏於保守者。最易釀激烈之革命。故保守愈甚。則其革命之發動也愈烈。此實出於我人意料之外。而其故則以偏於保守之人民。不能漸進。以與時勢相應。積之既久。相去益遠。則惟有猝然奮起以及之。而此猝然之進化。卽所謂革命是也。此偏於保守之弊也。

雖然。進取之民族。亦有不能逃夫革命之一階級者。英之民族。進取之民族也。當十六世紀與十七世紀之交。其君主方面。則力圖保持其專制之權威。其人民方面。則又圖藉代議士之力。以取得自治之權。因是相爭。垂百年而不決。卒於一千六百八十八年。以一度之革命。而爭端始息。此進取之民族。不盡能免革命之一證也。

革命之起。大率自上而下。非自下而上。然而一旦隄防潰決。則爲革命之中堅者。實爲人民。

軍隊者。又革命時代之一要素也。苟革命而不得軍隊之助。則斷難成功。非特歷來之革命。可以不作。卽謂自今以往。永無革命可也。故當法蘭西大革命時。忠義心之消亡。初不在於路易十六被刑之日。當其軍隊譁變。不願擁護王室時。卽有以知路易之必亡矣。

自來軍隊之變。大率由於感應之力。故當少數軍官。推倒土耳其政府之後。希臘軍人。卽欲步其後塵。改組政府。而實則兩國情形。固絕不相同者也。

軍人之力。雖足以傾覆政府。如南美西領各共和國之倒。莫不由於軍隊之反抗。卽其一例。然使革命而欲收遠大之結果。則非根據於一般人之不平與希望不可。然而不平之心。若非普及於人人。則猶不足以釀成革命也。夫率少數之人。以從事於刼掠破壞屠殺。固不甚難。然欲激起全體或大多數之人民。以反抗政府。則非領袖者有堅忍持久之勇氣。百折不撓之精神不爲功。蓋必使不平者知當時之政府。實爲國內一切騷亂之原。以增其憤激。而又確告以新制度之如何完善。如何美備。以引起其希望。而其傳播之方法。則固不外暗示與感應二者。一旦革命之時機既熟。而於是乎勃然興矣。如基督教革命。如法蘭西革命。皆遵此例者也。法蘭西革命。實現於數年之內。而基督教革命。則醞釀甚久。此其故。以法蘭西革命。有軍隊爲後援。而基督教革命。則其能得實力之贊助。迥非一朝一夕所能致也。當其教之始行也。僅及於下流社會。貧困無告之徒。以爲入教之後。可一變其愁慘之生活。而爲永久的快樂。故靡然相從。積之既久。始自下而上。漸及於國中優秀之人物。終至一國帝王。亦以新教之信徒日衆。而以此爲一種正式之宗教。然其歷時之久遠。則固可以想見也。

四　政治革命之結果

革命時代。一政黨既高奏凱歌。則必依其本黨之利益。而組織社會。顧以革命之成功。或由於軍隊。或由於急進黨。或由於保守派。而其組織亦因之以異。蓋彼時所制定之新法律。與所設之新機關。必一以成功者之自身。及助之成功者之利益爲前提也。若革命之成功。而以劇烈之戰爭得之。如法蘭西之大革命。則戰勝者。必盡舉舊日之法律制度而推翻之。有擁護舊制者。則皆視爲新政府之罪人。而於是乎虐殺之、放逐之、滅絕之。而當成功者於擁護自身利益之外。復又力衞其信仰時。則其殘忍兇暴。達於極點。而慘無人道之事。乃接踵以起。此時被戰勝者。雖欲乞憐於彼黨。終無可望。若西班牙之驅逐摩蘭人。若宗教法庭之活焚異教徒。若國約議會之濫刑。若近日法蘭西禁制宗教集會之法律。何莫非由於此也。而當戰勝者全盛之時。逞其權威。頤指氣使。每不免有過當之舉動。如國約議會之命令。以紙幣代現金。百物皆有定價等是也。乃未幾而全國囂然。非難之聲四起。卒至盡失其防衛之力。不攻而自倒。如法蘭西革命之終局是已。新近澳大利社會黨內閣之倒。蓋亦原因於此。澳大利之社會黨內閣。純以工界人物組織之。故其所發命令。多悖謬不中於理。而後與商業團體以種種特權。致國人羣起反對。不三月而傾覆矣。

然此皆例外也。以普通言之。則革命成功之後。大率另舉元首。以統治羣衆。而此新任之元首。亦必深知欲固其權位。必不能以絕對之特權與一黨。以激衆怒。是宜調和各派。一視同仁。而欲達此的。則必先於各派之間。造成一均勢之局。庶不爲一派所利用。而操縱其餘。蓋使一派獨占優勢。則大權旁落。是不啻以己身爲奴。

而奉之爲主也。是爲政治心理中最確定之一原則。法之諸王。莫不知之。故始則與貴族爭。繼則與教會爭。無非以太阿之不可倒持耳。不然。則大權旁落後。必且與中古時代之德意志諸王同其命運。如亨利第四之不得不跋涉長途。躬往乞赦於羅馬教皇。抑又可憐矣。稽之歷史。則類此者正難悉數。羅馬帝國末造。爲軍權鼎盛之時。一國君主。致不得不仰鼻息於兵士。廢立一唯其意焉。當法蘭西爲專制君王所統治也。威權無上。一國之人。莫不畏而尊之。故能駕馭全國。此法蘭西之大幸也。向使波蘭於十六世紀之末。亦有一威權無上之專制君王。則必不至於四分五裂。馴致歐羅巴地圖中。不復有此國名。可斷言也。

社會上之變遷。或隨革命以俱來。本章已略言之。然而此種變遷。

試一與宗教革命所得之結果相較。則微乎微矣。會當於下章詳論之。

第二章　宗教革命

一　欲知政治革命有研究宗教革命之必要

本書之作。以批評法蘭西之革命者爲多。試就法蘭西之革命。統觀前後而據實論之。則其間固不少暴力行爲。而此種行爲之具有心理的原因。又不待言。夫以空前之大變動。震古鑠今。曷爲而起。又曷爲而成。一部革命史。幾不知從何說起。謂其不可解。則誠哉不可解矣。然使以法蘭西之革命。爲一種新宗教之構成。因而準據一切宗教傳播之法則以解釋之。則其鬱而爲憤激也。有衝動之者。其演而爲慘劇也。有實逼之者。按圖而索之。夫亦可以得其故矣。

試一遐稽宗教大革命之歷史。則當時所發現之心理的要素。其後乃屢於法蘭西大革命時代更迭見之。故此二種革命之變動。其象熾然。有可得而言者。（一）信仰之傳播。不必受理論的之影響。（二）羣衆心理之發動。勢迫刑驅之術。遇之輒窮。（三）此信仰與彼信仰間。絕對不相容。（四）以各信仰衝突之故。而絕望而暴舉。而奮鬬。皆爲勢之所不能免。以上現象。皆政教革命時代中之所同有。而其尤彰明較著者。則一信仰發動之原。其所認爲利害問題者。按之實際。又往往與信仰無關。此殆歷驗之而不爽者。吾嘗反復尋求其所以然。而得一最後之結論焉。結論云何。則人類之生活法。苟不變者。此等確信力。亦決不變是也。

凡革命運動之發端。必以言論之力致之。此等言論。或亦名之爲革命之福音。乃明明爲政治革命矣。而其傳播之方法。則又與宗教無少異者。何哉、蓋其言論。苟不欲傳播則已。否則舍宗教方法外。直謂之無法焉可也。雖然、吾於異中見其同。吾仍於同中見其異。蓋同者其發端。而不同者其結果也。何以證之。以革命期間之繼續不繼續證之。今夫宗教上之信仰。大都屬於幻想幽冥之境。而並無跡象之可尋。彼所皈依。眞耶幻耶。以爲神意神果云何。此則不到天國。皆難言之者也。然則一度爲信徒。則遂終身由之已矣。何以故。以無由實證故也。無由實證。故繼續也。若夫政治革命則不然。法積久則必敝。治因時而制宜。理論之主張。推之事實而或悖焉。現在之標幟。施之未來而或阻焉。雖有聖哲。不能必其能繼續否也。即如督政官之末造。彼甲古班派(極端共和派)所標揭於國中之主義。何嘗不奮發踔厲。聳動一時。乃一經實驗。而政治上社會上種種危險困難之象。紛至而迭呈。卒至舉其向之所主張者。拋棄之而後已。其間有存者。皆其無從實驗者也。如平等主義中之所謂羣衆幸福主義。猶之宗教家之所謂神意所謂天國。皆杳渺不可知。雖欲驗其眞否而苦無其途者。夫是以幸而免於拋棄也。然亦僅而已矣。

二　宗教改革之端緒及其初期之信徒

宗教改革之力。其究極也。能使國民心理。因之變遷。其影響之及於羣衆感情。與其道德思想者至深。顧其將畢也雖鉅。而作始則甚簡。蓋其發動之機。不過爲攻擊僧侶之弊害。而實行之方面。亦未必越出於宣教之精神。至其後力主思想自由。亟亟焉以爭之者。乃其續起之主張。非必其初念遂見及此也。大抵發生宗教革命之國。必其國王之權力。足與羅馬教皇相匹埒。而陵壓一切。故雖以加爾文之崛起。而當時之理論家。猶有執人民所信之教。不能獨異於國王之說。以非難之者。此足以知其最初之力。微乎弱矣。

當其時交通道阻。廣告術疎。故新教之入法蘭西者獨遲。一五二零年間。求所謂路德之徒者。寥寥不過數人。直距十餘年後。始靡然遍佈於國中。而新教徒之禍於是乎始烈。新教徒之數。亦於是乎益衆。此足以見形格勢禁之非徒無益也。

抑聞之、新教傳播之始。其號稱教徒者。大都爲市井無賴之徒。其意蓋將假新教之名。以便其私焉耳。此種現象。英德兩國中。尤屢見之。然路德之說。則又力誡言利者也。其效力之及於教徒者不可見。而王室貴族。則適得資爲口實。以實行其囊括教產之私。如亨利八世之緣是致富。其最著者。然則宗教革命之舉。對於君主之專恣。匪特不能制裁之。且從而助長之矣。

三　宗教改革之教義之理論的價值

自宗教革命起。而歐洲之戰禍亟。法蘭西境內。夷爲戰場者。擾攘閱五十餘年。其去滅亡也。蓋不甚遠。夫使執理論而談。則宗教革命之原因。決不外於信仰。此其無意義。無容爲諱者也。乃其結果。則又如此之大且劇。此寧非古今未有之奇。然卽此一端。亦足以見信仰之傳播力。脫然於一切理論以外。而不受拘束矣。當是時、有攪亂羣衆心靈界之一物焉。所謂神學的教義者是已。然其中如加爾文氏之教義。由理論的論理方面觀之。其於研究之價值。蓋實等於零者也。

加爾文氏之說。導源於路德。路德爲新教中之傑出者。以救拯衆生爲懺志。其視世間最可恐怖者。無過於惡魔。雖彼懺悔之司僧。尙不能以安其心。蓋彼固兢兢焉以懔帝命超地獄。爲最確實之道理者。以此觀念。故於羅馬法王之買賣赦宥權。則拒絕之。於法王之權威與教會之權威。則否定之。於宗教之儀式與懺悔。及崇拜聖人等。則詆斥之。而又申言凡基督教徒。不可有聖書以外之行動之規律。其唯一確信點。一言以蔽之。曰、苟不依神之恩寵者。則不能得救拯而已。是之謂豫定主義。發其凡者路德。而研其精者加爾文逮於今日。遂卓然樹新教義之根柢。多數新教徒。咸信奉之。未之或背也。然信如加爾文言。則神之於人也。其冥冥之中。豫定某也得救。某也被火久矣。世間一切大罪孼。其造成之者。皆神之意而已矣。是直謂萬能之神。第爲投人於永刼故。乃不憚日僕僕爾火之焚之。而曾不少恤。至其人有生以後之行爲若何。功罪安在。則皆可概置弗問也。抑明知其妄。而姑以是敷衍彼所謂聖人阿烏克斯忒諸士之說者耶。甚哉、其不合理而遠於人情也。然且風靡歐陸。使人羣焉奉之。而至今未有艾也。可不謂不可思議也乎。

加爾文之心理。殆又與路羅拔士比之心理相類。彼亦如羅之墨守純理。對於主義不相同者。必陷之於死而後已者也。彼且謂戰爭之起。以神之意而起也。非是則不足以示神之光榮。且神之意。豈第曰戰焉爭焉而已。乃并欲吾人以戰爭故而舉忘一切人道者也。

觀乎加爾文及其信徒之事略。彼其理論上冰炭不相容之點。曷嘗無之。然終能以信仰之力。使之融洽無間。是又如催眠術之作用之施而皆準也矣。

顧由理論的論理而觀之。則欲由豫定主義。而立衆生道德之基。其事殊不可能。何則。救拯與否。神既預定之矣。則人之作善作不善。皆與禍福災祥之故。截然無關。善者不必得福。不善不必得禍。禍之豫定歟。非善所能祓也。福之豫定歟。非不善所能消也。此與樹立道德之旨。蓋爲根本上之不相容者。然而加爾文獨持之到底。未嘗一悟其非者。則以彼固認一切信徒。皆爲神之所擇。而翹然異於其儔者。故其自視也甚高。而常欲以躬行實踐之功爲衆生倡也。

四　宗教改革之傳播

新教之傳播也盛矣。試一叩其致此之由。謂言論之力歟。非也。謂論證之功歟。亦非也。彼其傳播也。蓋仍不外臆斷力。堅忍力。乃至以精神相感應。以威力相號召而已。吾所著羣衆心理一書。於此蓋嘗反復及之。此不特宗教然也。卽政治革命思想之傳播於法蘭西也。亦如是焉耳。

是故對於新教之信仰者而迫害之。非徒無益。且迫害愈力。則傳播愈遠。其初有處刑者。則其繼每有新改宗者踵之而起。此其例蓋已於基督教創設時見之矣。昔國會議員安諾得婆羅之受火刑也。從容入刑場。而諄諄然語於衆曰。必改宗。必改宗。其剛強不屈也。其視死如歸也。其殆以教義爲生命者也。嗚呼。可不謂烈耶。而論其傳道之功。則加爾文之著書。曾不敵安氏之以一死勵衆也。

其後迫害之術。每出愈奇。謂受刑者往往臨刑而有辭也。則先刖其舌。箝以鐵鎖而投之於火。其慘酷無人理。蓋至此而極。彼之用意。殆欲使之大感苦痛。然後反其道以大赦赦之。則受者必畏且感。而迫害之效爲不虛。然亦終未聞有一新教徒焉。以此而改操也。則迫害之用。又何如也哉。

一五三五年法蘭西士第一世。於巴黎市中。同時置火刑場至六所之多。而國約議會所創設之斷頭臺。亦在巴黎市。此盡人所共見者。然其數則一而已。且亦不至如火刑之慘也。然而基督教之殉教者。則全無畏怖。無畏怖者。無感覺也。夫至於無感覺。則信仰之作用。乃眞與催眠術同其功用矣。

以此之故。新教傳播之速。乃一日而千里。蓋至一五零六年而法蘭西改宗（新教）之教會。已達於二千餘之多。且舉全國上流社會之大部分。胥靡然向之矣。

五　宗教信仰之衝突

凡不相容之事。常隨強烈之信仰而生。吾前既言之矣。今更舉其例。則相接近之教徒間。與不相接近之教徒間。其不相容也。殆猶甚焉。例如基督教徒之與回教徒。異其地。異其宗。其以各護各教故。而不相容。固也。乃者加特力教徒（舊教徒）也。婆羅斯坦（新教徒）也。其所居之國同也。其所奉之神同也。徒以崇拜方法不同之故。卒令禍端勃發。國境幾墟。此不能不謂爲信仰之結果矣。向使新舊教徒。能稍稍以理論爲依歸。則必知神之愛乎人者。惟其崇奉。不惟其形式。而又何有於爭哉。

然理論之爲物。若施之於信仰者之腦中。則其效力至微。何以知之。以婆羅斯坦與加特力教徒之繼續猛鬪知之。當其時加塞林女王。嘗鑒乎新教徒之累累被刑。而其數反累累增加。其吸收之廣。且及於貴族官吏之間。乃於一五六一年以和協兩教之目的。開一僧正牧師會議於巴埃雪。使之互相辨論。以得所折衷。意謂循是術也以往。教禍其庶幾息也。而其結果卒與之相反。蓋信仰之力。固別有其神秘不可思議之起源。自有史以來。未聞有以反駁之道而能使之降服者。惜當日主張和協之人之未見及此耳。且以嚴格言之。容忍之行。往往求之於個人間則易。而求之於集合體間則甚難。故集會之後。新舊教神學家。各各奮其口舌。互相辨駁。互相詆斥。而卒無一人感動者。加塞林憂之。遂於一五六二年明頒勅令。許新教徒以公開禮拜之集會權。

是舉也。以哲學家之眼光觀之。善則善矣。然由政治方面觀之。則又不能不病其策之拙。其結果徒以引起兩教徒之憤激而已。

當是時、法之南部。爲新教徒之勢力圈。其對於加特力教徒。常挾暴力以臨之。迫令改宗。迫之而不應。則殺害掠奪諸慘劇隨之。至於加特力教徒勢力所及之地。則新教徒之受厄亦同。

以兩教徒間之敵對行爲。環起而叠伏。勢之所逼。教禍以起。卽所謂宗教戰爭者是也。流血之慘。遍於全國。生靈塗炭。都市爲墟。其慘至不可勝紀。此其故無他。凡政教改革。皆挾有野蠻時代之殘忍性而來。後此一七九五年之戰爭。亦卽反復此悲劇而循環迭演之者也。

試觀當年史實。若愛克斯府會議長。十日之間。殺囚徒三千人。破壞都市三處。村落二十二處。以爲示威之計。若孟戮克爲卡爾利愛之先驅者。舉加爾文教徒而生投之於井。井爲之滿。無老幼男女貴賤皆及於難。可云慘已。然而新教徒之仇視加特力教而破毀其寺院塔墓肖像等劇。則又彷彿國約議會委員處理聖多尼斯陵墓。比之加特力教徒。如出一轍矣。

以戰禍之侵尋。循環而未有已。至顯理三世之末年。遂演爲四分五裂之小聯邦。而各自獨立。一五七七年。游歷家立坡馬諾。漫游法蘭西時。猶親見奧利安、婆羅阿、陶爾、巴阿蒂愛等重要都市。與大寺院墳墓頽廢荒涼之遺跡也。

夷考其時。有事變雖不甚亟。而常留一極暗澹之紀念。深入於吾人之印象中者。則莫如一五七二年聖巴速洛米之虐殺事件。歷史家輒謂是役也。實以加塞林及查理九世之命令促成之。自吾人觀之。則無論何國。抑何時代。凡爲君主者。對於異常事變。皆無所任其功過。蓋其力不足以左右是而操縱是。此不待智者而知之。彼聖巴速洛米事件。與其謂爲國王之罪。則毋寧謂爲民衆之過也。蓋加塞林之意。實以當時新教首領四五名謀於巴黎發難。

其危害及於自身與國王者至迫且鉅。乃不惲以疾雷不及掩耳之舉。掩殺之於其家。至繼此而起之虐殺事件。則巴忒福爾又嘗以左述之言揭出之。其言曰。當事變之喧傳也。囂格撓可殺之聲。俄焉遍於巴黎全市。囂格撓者。誓約之意。加爾文派之入教。必先之以誓約。故名之以此云。其時加特力教徒中。若紳士。若衛兵。若弓手。乃至民衆等。舉皇皇焉執戈而起。奔走於途。而大呼曰囂格撓可殺。囂格撓可殺。而囂格撓全體之命運。遂於是乎厄。而毆殺溺殺絞殺等種種大慘劇。遂於是乎活躍湧現。巴黎一隅。新教徒之被殺者二千人。而傳染之毒。且及於各地方。各地方之民。相率而起。爭傚巴黎市民之所爲。綜計新教徒之死者。數至七八千人。其殺人之多。較之巴黎之變。且數倍焉。

其後事過境遷。宗教上之熱情。忽焉冷落。後世史家之非難聖巴速洛米事件者。指不勝屈。求之加特力教史亦然。以此乃嘆年代湮遠之餘。當時事變起伏中。一切精神狀態。後之論者。良未易一一推知也。

然就實際論。則聖巴速洛米事件。當時不僅無非難者而已。彼歐洲之全加特力教界。且對之而喜形於色。觀乎斐立波二世之聞報而喜。法蘭西王之受賀。等諸大戰爭之告捷。可以知之。其尤甚者。則莫如羅馬法王哥勒戈里第十三世。彼其意因以是舉爲一大慶典者。故不憚鏤賞牌。燃燄火。施祝礮。舉行種種之祭典。令畫家繪其狀於宮殿之中。以爲紀念。並遣使至法祝賀法王。此足以表示當日信徒之心理矣。然則恐怖時代之甲古班黨。與羅馬法王。殆亦有類似之點歟。

當時路德派對於新教徒之遭害。雖曰莫能助。然其憤鬱不平之感。積之也愈久。則發之也愈宏。故不久而其勢旋大張。至一五七六年。顯理三世。迫於不得已。卒佈勃留勅令。許以種種特權。即(一)絕對的信教自由。(二)有城塞之都市八處。(三)國會之組織。由加特力教徒與囂格撓派。各出半數之代議士是也。然其時加特力派。則因此而組織同盟黨。以介克公爵為之魁。其對於戰事。蓋駸駸有再接再厲之觀。所幸旋起旋伏。為害不久。自是以後。至一五九三年而顯理四世。又翻然發佈南脫勅令。於是四十餘年間宗教上之戰爭。得以告一段落。雖然、此不過戰爭之暫息焉耳。要仍不能謂之完全終結也。

路易十三世繼統。新教徒復暴動。宰相黎塞留。遂於一六二七年包圍洛塞爾。其地新教徒之被殺者達一萬五千人。然黎氏此舉。實自有其不得已者存焉。蓋黎氏之主張。固以爲與其注重宗教的精神。寧注重政治的精神者也。故其後對於新教徒仍處以寬容之態度焉。

然黎氏寬容之態度。其結局固不能繼續也。蓋一國之中同時並現二種相反之信仰。而其一之力。得制其他。則競爭之下。必思滅其反對者而後已也。及至路易第十四世時代。新教徒之勢力日衰。始停止一切戰爭。而以恢復元氣保守平和爲幟志。然其時信徒之數百二十萬人。會堂六百餘所。主任牧師七百餘人。此由加特力教徒視之。固有以知其必不相容矣。惟其不相容。故種種迫害之行爲因之以起。然亦無如新教何也。繼此而有路易十四一六八五年虐殺之舉。其爲迫害抑尤烈矣。然終無如新教何也。愈趨愈極。最後乃出之以斷然之處分。用僧正勃塞哀之謀。一方撤回南脫勅令。一方又勅令新教徒或改革或去國。二者必擇其一。由是而遠適異國者紛然於路。全國人民。至驟減四十萬人之多。實則此等去國之民。大抵剛強不屈。矯矯於其羣。其良心上之主張。初不以利害而搖者也。

六　宗教革命之結果

後人讀史。輒謂宗教革命爲不祥之事。不知其中固有運之以極文明之舉動者。要未可以一概論也。不見夫亞拉伯乎。其始不過一小部落耳。自謨罕默德之新教出。遂崛然以剽悍善戰聞。是其始必有增長其國家物質上之勢力。而統一其道德者存也。新教之信徒。不特聚其國民之氣質。治之一爐而已。乃至使國民之感情。隨之變化。凡一切哲學一切法律所不能致者。彼皆能致之。此其事吾嘗於基督教之革命見之。基督教者。宗教革命之最有力者也。彼所崇奉者。惟來自加里拉耶荒野之一神。對於當日所謂偶像及多神教。則非推倒之不止。彼其所發生之理想。直以爲人世歡樂。一切皆空。無受用處。惟天國之福。則生生世世受用不盡。故其唯一之希望在此。誘起信仰之唯一方法亦在此。彼蚩蚩者氓。其於現世幸福。方以爲終身希冀不到。而引爲大缺憾。及聞有來世之說。可以補償其缺憾。而又視現世遠勝之者。則其趨之若鶩也。亦固其宜。然至於漸摩之久。其感化力且延及於權貴豪富之一流。然則風俗與化移易。不其信乎。

不但此也。二千年來。泰西文明之運。基督教實遺餉之。宗教改革以還。一切文明要素。不期而順應之。以與之丕變。其時若著作藝術哲學諸專門學者。凡所發明。直一新宗教思想之徵象而已。蓋政教信仰之熱。造於最高度之後。常足使一切理智。舉窮於用。乃至不得不承認爲一種之理由。如墨洛苦時代。對於以人體爲犧牲而祭之舉。尚有認爲必要。而爲之辨護者。降至後世。宗教之裁判。聖巴速洛米之巨刼。恐怖時代之慘禍。且有恬然不以爲非。而交口贊之者。諸如此類。寧尚可以理智論耶。

如上所述。則知凡國民之富有信仰力者。不能有容忍性。昔惟多神教時代之國民性。爲稍稍能之。近時英美之教徒。亦務所以實行之。乃以實行故。而使一教之下。宗派歧出。是又與多神教無以異。不得不引爲信仰上之一弱點。蓋信仰力與容忍性之同時並具。其詣郅不易。惟歎爲心理上之一難問題而已。要而言之。宗教革命。理論上之價値。雖卑之無甚高論。而其能力則甚宏。蓋自有人類卽有思想。有思想卽有行動。而由其思想以至於行動。其間必先有一定之趨向。以爲之鵠。此卽所謂確信力。亦卽謂之信仰力。而宗教之力。實能指導歷史。而團結夫尋常泛泛之人。使之馴服於一尊之下者。今雖哲學進步。日新月異。然欲以此易彼。則猶戛戛乎難之也。

第三章　政府於革命時之行動

一　政府對於革命反抗力之薄弱

法蘭西、西班牙、伊大利、奧地利、波蘭、日本、土耳其、葡萄牙等國。百年以來。革命迭起。彼其特徵。果於何表現之。曰、於其動機之突發。與政府之無能表現之。

凡革命之突發。多以精神感應之迅速而起。而感應之速。則又不外乎近世傳佈消息方法之靈捷。然其時政府抗拒力之薄弱。則亦大可驚矣。大抵此等政府。其始必盲信一己之力。可以惟所欲爲。至對於革命之原因。及其結果。不能爲正確之觀察。因而事前不知防。事發不能制。斯惟有望風而倒已耳。

夫以一國中央政府。而無能力至此。其危險何可勝言。顧其例初不自今始也。稽之往古。其在獨裁政體之政府。往往宮庭之內。以一二陰謀家之力。卽可推倒之。不必其革命之烈。遍於全國也。然自新聞業大興。偵探術遞進以來國人之輿論。民衆之感情。政府雖亦嘗以偵探之調查。新聞之披露。習聞而習見之。然仍不免於亡者。蓋亦不少其例。是何哉。其無能力實使然也。昔查理第十世之御極也。前後止四日而亡也忽焉。此爲最著之一例。蓋其時濮里涅克氏尸相位。夷然無所防。王遂信巴黎之必無事。而流連於遊獵。故變故一發。而宗社以墟。若夫路易第十六世之時。其政治非甚專擅也。其結怨於人民。非如查理十世之甚也。其時之變亂。非眞有何等實力。何等意義也。軍隊間之意向。又非有所攜貳也。然卒因統兵者之指揮失當。以堂堂政府軍之力。至不能抗揭竿斬木之平民。後世史家。見夫少數暴動者之可以推倒法蘭西鞏固之政府也。則咸莫解其故。以爲路易十六之亡。必另有深奥之原因。而抑知不然。究其實。則路易之亡。一言以蔽之曰。由於將領之無能而已。當時巴黎之兵。不下三萬六千。而以將不習兵。命令衝突。致士卒無所適從。卒乃禁止軍隊向人民發槍。且准其雜處軍隊之中。事之危險。無過於此。遂使少數暴動者。得以不戰而成功。卒迫法王去位。今試就羣衆心理言之。則當時之亂。固不難一舉而撲滅也。向使彼身爲將領者。能於倉猝之中。出以鎮定。不致紛亂無主。則以一小隊之兵。卽可抵禦亂民之侵入議會。而議會中人。旣大率爲君主派。則又何難宣告由巴黎伯爵之母攝行政事耶。若是則亂事之消弭。一反手間耳。而革命軍又安得成功。

此外如西班牙、葡萄牙、革命之突發。亦頗與之相類。因此知凡一大事變之發生。必有附隨而起之各種小事變。以參互錯綜於其間。是固不能以歷史上之通例概之者。然使無路易十六之變。則雖謂至今尚不易見一千八百四十八年之共和國一千八百五十二年之第二帝國。與夫師丹之戰敗。亞爾撒斯之割讓可也。如上所述。革命之際。軍隊雖不能爲政府効力。顧亦無有反對者。而後世之革命。則多有反乎此例。而藉軍隊之力以成功者。如葡萄牙。如土耳其。莫不皆然。而南美諸共和國革命之頻繁。亦一一蹈此。更進言之。則革命之借助於軍隊者。其新成立之政府。勢必不能不立於軍政之下。故羅馬帝國之末葉。廢立國王之權。操於軍人之手。而希臘革命之後。其軍隊之權威。至能支配政府而使之莫敢或違。夫革命不能不求助於軍隊。固已。然亦有離軍隊而單獨進行者。如法蘭西一千八百三十年。一千八百四十八年與一千八百七十年之革命。卽此類也。

革命多行於首府。因其傳染之力。乃波及於地方。此雖爲歷來之通例。然亦不盡可據。法蘭西革命之際。文台波爾達義及南部地方。同時並起。其對於巴黎而揭反對之旗者。在在而是。此又衆之所知也。

二　政府之反抗革命如何而能制勝

如前述之種種革命。其政府則以無能力而敗矣。雖然、亦有革命軍失敗。而政府占勝利者。如俄羅斯之革命是。

且夫俄羅斯之革命運動烈矣。其政府之危。亦岌岌矣。其人民之鬱伏於專制政體之下。嘗蠢蠢焉思得一逞。各階級社會之揭竿而起者。後先相望。而海陸軍之一部。又加入之。乃至鐵道郵便電信。相率爲同盟罷工之舉。其始終守中立者。唯農民一階級耳。推其所以致此。則以俄政府固嘗以懷柔手段籠絡之。故能出其餘勇。以與革命軍抗耳。間嘗因而攻之。

當時革命之說。風起雲湧。其影響漸及於農民。俄政府憂之。於是慨然下令。發政施仁。以要結其歡心。俄之農民。以格於舊制。不得自有其田。政府至此。乃特定專律。迫地主售其一部份之土地於農民。並設銀行。貸購地者以應需之款。按年償還。於是農民大悅。而反側之意消矣。農民既守中立。俄政府乃得以全力對付狂熱之革命家。逞其兵威。肆意殺戮。而革命軍無噍類矣。蓋自有史以來。欲保全一社會。使勿爲亂黨所毀。其行之而有效者。固惟此一法也。雖然。俄政府又知戰勝之後。不可不滿足國內一般優秀分子之正當要求也。而制定法律監督財政之議會制度。於是乎興。觀乎俄羅斯之革命史。其政府雖漸次失其自然之贊助。然猶能以慎重堅決之態度。肆應於敵對者間。而屹然有以自存。則凡政府之倒於革命者。非革命軍之力果足以倒之也。彼其先必有以自倒者也。

三　政府之自行革命

大凡政府之地位。爲與革命戰者。而自行革命者。則甚稀。雖間以時勢之要求。或國民一致之輿論。或其時有大力者宣言改革。思順應之。而有所更張。然亦無首先提倡革命者。

雖然、此不可以一概論。彼企圖急激改革之政府。其實際固與革命無以異。特其企圖之成敗。則仍視國民之精神固定與否耳。

抑尤有進者。政府革命之成功。其被治之國民。必爲無一定之精神與確定之習慣者。質言之。卽野蠻未開化之民族是也。昔彼得大帝之於俄羅斯。蓋正似此。日本維新之始。政府亦自進而與於革命之列者。特其所變化者以文物技藝而止。以語精神。則猶未耳。

要之政府革命之能成功。必屬之極有力之獨裁君主。而又具有特出之天才者。且其時其勢。又常與普通革命之現象異。其君主爲革命者。而其國民則爲保守者。然此種企畫。以語成功。猶大不易。何以故。以其所改革者。非眞能變更其國民永久固定之精神。不過變更其陳腐而當廢棄者而已。

試觀今日之中國。自淸之末造。以迄民國成立。其於改革上之經驗。蓋備歷之矣。人第見清政府之倒於革命軍。而不知其實乃自倒。非被倒者也。特其所以自倒之因。不在於反對改革。而在於企圖改革。企圖改革矣。而其目的則小就而止。顧又不得不訴之強制施行之手段。如當時禁烟禁賭。擴充軍備。設立學校。諸如此類。不可謂非改革之業也。然因此而財益匱。稅益重。民益不平。革命家乘機而鼓動之。不數月間。共和制度。忽煥現於亞洲大陸之上。然則中國之革命。直謂爲清政府改革企圖之間接的結果可矣。夫共和制度。政治之最進步者也。今以困伏於數千年專制政體之下之國民。而一蹴至此。意者其國民之進步歟。然就中國革命之動機而言。與其謂爲進步之機。毋寧謂爲反動之力也。昔吾法革命之始。其主唱者日以共和政治豪於人。至叩以於義云何。則除舉舊日專制時代之法律政令風俗習慣之能羈束我而壓迫我者。一切摧陷而廓清之之外。殆無餘事。嗟夫、此法之革命所以叓迭不已。而拿坡崙之所以侈其野心也。吾不知今日中國人對於共和之觀念。視吾法蘭西人又何如也。

今夫中國。世界最古之國也。其社會之基址。蓋以數千年建築而成之者。必若謂一經革命。則必盡反於其舊也。窮其流極。將必有陷於無政府狀態之一日。及覩此狀態。然後知政府之不可無。而再謀所以樹立之。吾恐破壞之餘。收拾萬難。其時新政府之壓制。或至較其所欲革者而更甚。何以言之。凡一羣之社會。其爲世襲之時。則先嚋世德。循誦而習傳焉。不教而能可也。又烏待於強制。不然。而盡反其舊時之遺傳。將不得不幷奪其原始之本能。當此之時。而欲再設社會而新創一基址。其勢固不能不出於強制之所爲也。則請以土耳其之革命證之。

土耳其所歷之經驗。與中國略相類。其青年子弟。遊學歐洲。憤王權之壓迫。謀顛覆之。得軍隊中之援助。而目的遂達。此數年前事也。然至問其成績。則迄今無可表見。彼改革之主動者。雖大倡自由主義。而其施治之方法。則依然蹈襲其所倒制度之遺。其於簡略之處分。不聞廢之也。基督教之虐殺。不聞禁止之也。乃至種種弊害。亦不聞一矯救之也。此不可謂非提倡革命者之責矣。平心而論。彼其難處。又無足怪。今夫土耳其何如國也。其國家有一定之宗教。其人民對之。又有極熱烈之信仰。以此之故。渾政教爲一談。法典與教典。無所區別。其歷來之所以維持其國家於不替者。

乃不外所謂哥蘭經典也。沿襲既久。乃欲於一旦盡破廢之。而代之以革命者之新主張。其不能不訴之於強制之一途者。殆爲勢所必然。然至於強制。則已大反革命本來之主旨。顧不如此。又不能行。此其困難。從可想矣。然而不變其國民之精神。而僅僅變其制度者。其結果則必如此。

四　革命後之社會要素

凡國民固定之精神。常麗乎歷來遺傳之制度而存。例如古代立君政體之世。易姓之舉多矣。然推倒一國之君主。與推倒一國君主之原理。固不能合爲一談。先言夫法拿坡崙之倒也。其後繼者。非其嗣子。乃諸國王之嗣子也。何哉、以諸國王之嗣子。能遵守夫舊時君制之原理。夫是以繼之而起也。更徵之德。以俾斯麥之雄。

其才略功烈。足以炫耀一時。左右世界。而曾不足以當其國王之一怒。此非君主之力爲之。乃其君主之原理之力爲之也。此種原理。詳言之亦謂爲立君時代政府生存之原理。苟欲推倒此原理。則必不能不訴之於大革命。大革命之目的。非爲推倒政府也。爲推倒政府之原理也。故大革命成而政府滅。政府之原理。亦漸漸隨之以滅。顧一社會之上。其所以組織是而維繫是者。必獨有其不可滅者存焉。然後能相持於不敝。以成其爲社會。成其爲國家也。此何物乎。則所謂社會組成之要素是也。

不觀夫法蘭西乎。自大革命以還。擾擾者閱百餘年。其陷於無政府也屢矣。而法卒不亡。若夫經濟工業。及政治生活。則尤與昔日事變之起伏。法制之沿革。絕無關係。此足見其繼續性之夐然獨立矣。蓋外此有所謂日常生活者。其事態殊小。固史書之所不記。而文獻之所無徵。然其散之於人人。則行焉不察而習焉不著。而合之爲總和。則一國民眞正生命所從組織之原。胥於是乎在。所謂日用飲食生民之則。至道存焉者此耳。故由此等小事態而細核之。則百年以來。法政府之更起迭仆。皆其名義上之變更。其實際上之政府。雖謂未嘗變動焉可也。

且夫一國之中。其爲人民眞正之指導者。誰乎。謂大政令之權。出之自上。固也。然相彼小民。耕食而鑿飲。以爲帝力何有於我。非忘之也。帝之力固不能一一及於此也。故一國之指導力。乃存於人類中自然必至之各種事態之上。此事態之要素。自有社會以來。已常存在。名之無可名。離之亦無可離。其潛勢力之深厚。遠在一切制度法令之上。極其作用。殆能於形式的國家之外。而組成一極強大之無名的國家。觀乎此。則知世之所謂革命事業。乃不過正面之改革。而未足以語乎精神之變化。蓋昭然矣。

第四章　人民於革命時之行動

一　國民精神之剛性與柔性

今欲尙論歷史上一代之國民。不可不洞知其周圍所値之境。而於其過去之狀態。尤不可忽。何哉。以過去之作用。固獨有其留存於不朽者也。不朽云者。卽依乎思想感情傳習確信等等。而形成一種凝結體。以組織一民族勢力之國民精神。非此則不足以言發展者也。而新時代之國民崛興之時。其精神亦必隨之一新焉。組織國民精神之凝結體。不可不具有固定性。亦謂之剛性。特其界說則又以不超過於變化性者爲限。此又可謂之柔性。金以鎔而品重。玉以琢而器成。非徒貴其剛也。剛而能柔。斯貴焉耳。是故無剛性則不能保守其舊有。無柔性則不能啓闢其新機。柔性之過。則失之固著。其弊也爲委靡不能振。剛性之過。則失之浮動。其弊也爲革命頻仍。故二性者常相反。而善用之則適以相成。善用之者不概見。惟昔之羅馬國民。今之英國民。庶幾近之。

抑又言之。凡國民精神之偏於固定者。其進而革命也。必爲急激的。非漸進的。以其固定之久。無緩和之步驟。以順應於時勢之所趨。一遇衝動。則非急激焉不足以幾及之也。固定性之形成。又非一朝夕之故也。一國民族之歷史。其所記載。往往見其民族之精神。所以固定之陳迹焉。方其目的未貫徹以前。所謂組合。不過一散漫無紀之羣已耳。卽證之法蘭西之已事。其有今日也。其先之經歷。蓋已閱數百年矣。然以歷時久長之故。其性又失之過剛柔之乃大不易。不然、烏見革命之一階級。竟不可以幸免也耶。由是觀之。則凡變亂之起。其時之民族。所以勢力各殊者安在。且革命之結果。何以依國民而各自殊異。皆不難推論而得之。例如世界民族之對於法蘭西之革命思想。或則與之同情而踵傚之。或則指爲奇變而避之如不逮。無他、其精神異耳。

請申言英之國民。彼其精神。固富乎固定者也。然其革命。則不如法之急烈。何哉。彼其精神之組織。一方能保持其歷來固定之精神。而同時又限於必要之範圍內。夫是以可剛可柔。固無取乎高談正理。侈語更新。盡棄其先人之遺傳。如吾法蘭西之革命計劃爲也。索勒爾之言曰。法蘭西人之心目中。無政府。無僧徒。無貴族。故亦無國法。英國人則不然。法人之所無。英人則皆有之。且誇耀之。觀此則知英法兩民族異同之故矣。

凡一民族之勢力。常足左右其國民之運命。南美西領共和國革命之最頻繁者也。彼其人種。蓋以異種族而集合者。其自祖先以來所遺傳之特性。皆已澌滅以盡。無所謂國民精神。亦無所謂固定性。其種族之不統一。實爲統治上之一大障礙。不特此也。民族不同。則其國民政治上之才能。亦必因之迥判。同是國民。以甲民族治之。則治。以乙民族治之。則否。此固歷史上所常見。而近日之古巴及菲律賓。其最著者也。之二地者。皆以西班牙之領土。而入於美者也。其始之衰若彼。其後之昌若此。此尤足證明民族之意義。而國民精神之支配其國運者。所關係尤巨矣。

二　人民對於革命之觀念

革命之目的方法不同。而人民之任務則一。革命之起。人民非主謀者。亦非指導者。主謀與指導。固別有其人焉。蓋惟利害切身。人民始猝然憤起。如近今香巴紐之事是已。然而此等局部之變動。與其謂爲革命。毋寧謂爲騷擾也。

大抵指導者之力強。則其舉事自易且速。而新思想之印入人心與否。可勿問焉。如葡萄牙巴西其近證也。概而言之。人民之歡迎革命。非必一一能解其理由也。卽偶解之矣。亦皆得之於革命終結歷時久遠之後。而當日則猶未焉。此等現象。當名之爲被鼓動。惟其爲被鼓動。故雖不必了解指導者之思想。而常能本其固有之解釋法而解釋之。要之彼之所謂解釋法。又決非指導者之所謂解釋法也。而法蘭西之革命。則歷歷如此。

一千七百八十九年之革命。其實際之目的，爲以中級人民之權。代貴族之權。換言之。則欲以新時代優秀之選民。而變易其舊時代之碌碌無能者也。此革命之初期。凡專屬於人民之事。多不列爲議題。雖當時有宣示民權之舉，然亦不過以選舉代議士之權表明之而已。何則。蚩蚩者氓。大抵不知不識。非如中級人民之競爭於社會階級中也。又非欲進而與貴族等儕也。以此之故。其意見。其利害。乃與社會上流。純然不類。顧以國民議會與王權抗爭之結果。卒召人民之干涉。厥後干涉愈甚。而中級人民之革命。遂一變而爲平民之革命矣。

思想之爲用。苟不基於感情的及神祕的實體。則其力弱。而用亦不靈。故欲以中級人民之理論思想。傾動其國民。則不可不求所以變化之。而使成一種新信仰。新信仰云者。乃即因乎實際之利害而發生者也。

凡一大革命家出。而人民視之。至等之於舊時君主之權威。此即新信仰發生之徵象也。民也何知。新信仰發現。則舊秩序動搖。於是暴民土匪。而以爲元勛偉人。焚殺掠奪。而以爲正當權利。野蠻之行動。蓋未有過於此者矣。夫野蠻性之本能。爲人類原始之所本有。以境遇遺傳及法律等千百年來之禁制作用。然後得漸漸抑制之。而革命之勢力。即所以解脫此抑制。而一旦釋放之者也。彼又烏知夫釋放以後。人民躋乎主權者之地位時。其權力乃無所不用其極哉。

方革命突發之始。所謂自由平等博愛諸名詞。未嘗不懸之口頭。持爲標幟。以爲此吾儕信仰之符。而希望之鵠也。乃未幾而變爲利慾矣。未幾而變爲嫉妬矣。未幾而變爲犯上作亂矣。前之所謂信仰與希望者。已舉無有。所存在者。感情而已矣。雖然、凡革命之說之能動人者。其原動力乃正不外於此感情也。故中級人民之革命。降而至於平民革命時。謂以本能制服理論則可。謂以理論制服本能。則大不可也。

雖然、使人之野蠻性。而一旦盡返於其先。且使之有所藉口。則危險實不可勝言。何則、社會之能維持於不敝者。必有其存立上不可缺之要件焉。此卽所謂以遺傳習慣法律。而抑制夫人類原始之野蠻性是也。故觀於制御之能力如何。卽足以覘其國民程度之文野。顧雖能抑制之。而不能絕滅之。一遇各種引發之力。則其勢直如河決隄潰。泛濫千里。收而復之。匪易事也。吾聞之黎乏洛爾對於革命初起之感言曰。孰使我一國國民之根本動搖耶。孰使彼下等人民不得覩光明之世紀耶。嗚呼革命。福耶禍耶。是可謂有心人語也已。

三　革命時可視爲人民之所爲者

據羣衆心理之定律。則人民無指導者。決不能發動。當其被煽動之初。一鬨而起。其勢熾然。謂爲大有力。似也。然彼固非指導革命者。而附從革命者也。雖然、指導者之舉動。亦非眞能製造革命思想者。特以活動之方法利用之而已。要之、思想也。指導也。軍隊也。

羣衆也。是皆革命場中之重要分子。而各有其分職者也。

何言之、凡人民之被煽動而起革命者。以其爲集合體。夫是以能大活動也。彼其活動力。一如榴彈。榴彈之力。非其自造也。而足以突遠攻堅。惟羣衆亦然。彼雖爲革命者。然叩以革命之爲何物。則未必能知之。何則、彼惟指導者之言是從而已。至指導者之企圖安在。理想若何。則非所問也。彼查理十世之倒。倒乎其勅令也。然當日之起而倒之者。對於勅令內容。則鮮能究其得失利害者。其後路易十六之時代。殆又可作如是觀矣。

然後世史家。則猶眩乎外觀。直視法之大革命。爲眞出於人民之企望也者。彌修勒之言曰。革命時當重要之任務者人民也。奥刺兒之言曰。法蘭西之革命。非必有待於奇燕之士也。吾觀一千七百八十九年至一千七百九十九年之記錄。而知當時轟轟烈烈之事。殆無以個人發起者。如路易十六。如米拉巴。如丹頓。如羅拔士比。皆非釀成革命之人物也。然則法蘭西革命實際上之奇傑爲誰。曰法蘭西人民之羣衆而已。傑愛母亞哥向氏最近之著作中又有言曰。彌修勒之言。其知道者乎。彼革命之羣衆。渾渾噩噩無首領。無法律。五年之間。以持久之精神。結束之。統治之。卒能施規律之教訓。於亂軍之團體。使二千五百萬人如一人之行動。

雖然。如上諸家言。則直以人民之一致行動。爲一一出於自發的。其事象之不可思議。何以復加。然奧剌兒之意。又未嘗不知此事之不可能也。彼於論列人民之時。固嘗認爲一種團體。而謂其依領袖者之指揮矣。

奥刺兒又曰。革命之後。鞏固國民之統一。而救濟其分裂者誰耶。丹頓耶。羅拔士比耶。加爾納耶。此輩固有功。而語其實際。則實爲法蘭西市町村民及平民社會之團結之結果。惟此等團結之各團體中。又皆有有力者三數人爲之指導。以施行決議。即稱爲首領。亦未嘗不可也。

奥刺兒之誤點。在以此等團集爲出於人道正義之自發運動。而不知按之事實。則大謬不然。當時法蘭西之小俱樂部。幾以千數。而皆受巴黎甲古班大俱樂部之指揮。且絕對服從之。而甲古班黨且猶不免爲迷想所驅。未之承認也。

四　人民之本體與其組織上之要素

以理論上之觀念。而尊奉人民爲一種神祕不可思議之本體。直認其德盛而力雄。此政論家所盛譽者也。不知吾人苟欲研究法國革命時代人民之所爲。則對於此項觀念之如何考察。乃不可不注意。

昔之甲古班黨。與今之甲古班黨。皆以爲人民之本體。乃一種最高尚之人格。對於一己之行爲。無說明之義務。故得信其具有神明之屬性。當其意志之發表。對之者惟有肅恭罔懈而已。彼黨之言如此。實則人民逞其殺戮掠奪殘忍酷虐之行爲。今日奉爲人傑而崇之於九天者。明日則隳滅放棄而墜於九淵矣。然而政論家則猶誇誦之不止也。

使以此等政論質之最進步之共和論者。則其說當立窮。哥列門蘇之言曰。社會主義學者之熱狂。至認羣衆爲具有卓越之理智。

不知羣衆不特無理智而已殆無一焉敢斷爲必有者也。此其言可謂切中矣。

然則百年以來。革命論者所認爲神祕之本體者。究爲何物耶。是可大別之爲二。第一、爲農工商之一部分。以職業故。常以愛平和保秩序爲職志。終其身不問世事。多爲史家所不知者。第二、則在騷亂時任重大之職務者。此一部分乃以社會中破壞分子組織之。其所集合。大抵爲市井無賴。乞丐盜賊。以及無業游民。貧困不能自存之輩。蓋作亂之危險團體也。承平之時。以畏法懷刑故。不敢肆其惡。一旦藩籬既決。法律失效。則明目張膽。無所不爲矣。歷來革命之所以不能免流血。爲史乘之汚點者。皆由於此。故當大革命時。隨領袖諸人而擾擾於大議會者。皆此等人也。即其所能。

則除殺戮掠奪放火以外。殆一無所知。於理論乎何有。於主義又何有。

大革命時。除由下等社會中所募集之危險分子而外。猶有一種富於摹仿性之人民。見他人喧擾。則彼亦喧擾。見他人暴動。則彼亦暴動。至其理由安在。危險若何。皆非所問。故此等羣衆。常爲古今來一切暴動之中心。然考之歷史。則此等羣衆勢力之持久。無有過於法之革命時者。

大抵暴動之機。每以虐殺開其端。而一千七百八十九年。實爲虐殺之始期。其時蓋猶遠在國約議會以前。其虐殺之舉。不特極酷。且亦極黠。九月虐殺之舉。至以刑人爲觀者悅目之資。沿至革命突發以後。此等悲劇。尤數見不鮮。於是法蘭西全國。遂演爲大修羅場矣。其時如脫拉葉市長之被抉目而死。龍騎兵大佐之生被寸磔。甚至以槍尖刺被害者之心。而高揭之於市。事之奇慘。可云極矣。然而人類原始野蠻性之本能。一旦破決以後。其禍則必至此。況政論家又從而阿諛誇奬之。以揚其波而助其瀾耶。嗟夫、向使此等集合體而果可合而爲一。以組成一人格。則其禍害之烈。且與洪水猛獸同等。豈特暴君之比而已哉。

雖然、彼其殘虐。乃以衝動而起。使有強於彼者臨之。則彼又將怵然弗敢抗。何哉、凡具有衝動性者。皆其含有奴屬性者也。

顧革命之際。此種破壞份子之外。尙有如前所述。專以職業爲事之一羣焉。雖有時食革命之賜。然其始意固未嘗企圖及之。此等人民。由革命之理論家視之。則曰此保守者也。因而與之落落若不相合。而不知一國之中堅。非此輩莫屬。雖恐怖時期中。彼或不免以服從之性質。爲指導者所左右。而失其常度。然其根性則恆久存在。其厭棄革命也。可立而待。故至無政府狀態達於極點時。必又直起而與之抗。使有能恢復秩序者出。則翕然附之矣。

蓋此等人民。溫良而易治。其平日非必有高遠之政治觀念。其所謂理想之政體。常爲單純的。與非常執政官之政體極相似。此則自希臘共和時代以迄於今日。無政府狀態之下所必至之政象。第一度革命之後初見之。第二度革命之後且再演之者也。由今論之。此等政象之發生。誠不能不指爲人民之誤。然當其時爲求免於革命之計。則舍是殆又末由也。

觀本章所述之事蹟。則革命之際。人民所執之各種職務。可歷知之矣。其活動力雖大。然究與稗官野史之所誇稱而盛道者大相異也。

（乙）革命時代流行之心理的狀態

第一章　革命時個人性格之變化

一　人格之變化

欲知革命時代之變化。則不可不求之性格說。吾他書中已詳言之。茲揭其要點於左。

人各安其常習。且不變其境遇。則於恆久不變之心理狀態以外。殆又具有隨遇變化之可能性。

吾人之所最貴者。莫如自我。自我也者。乃由祖先傳來之人格。其中所有無數之自我細胞。結合而成。然後依此結合。以保其均衡。

其周圍之所値。適然而安。則均衡常固定。否則、境遇變。均衡破。乖離糅雜之要素。相集合而組成一種新人格。其思想感情行動。皆將大異其本來。故恐怖時代。雖以善良之人民。亦不免以潮流之變動。而陷入漩渦。乃知境遇之變。人格隨之。彼立於宗教政治大變動之舞臺而活動者。其性質時時與吾人殊。實以此耳。拿破崙蓋善知此性格之可能性者也。故其言有云。

凡偶然之事物。其力皆足以左右吾人之政治思想。以此之故。吾對於擾攘之際。各黨派之人物。未嘗好爲苛論。間有批評。唯就其事跡言之而已。故自知與知人。其事綦難。何哉。人固有因時因地。而善惡異焉者也。

平素之人格。或因事變而至消滅時。新人格當如何而組成歟。此方法雖有種種。而其最著焉者。則莫如強烈之信仰。蓋信仰之爲用。固能左右人生知識之要素。如磁石之引鐵。凝然而不散也。十字軍時代。宗教改革時代。法蘭西革命時代。其大變動中所見之人格。皆如是組成者。吾人平居無事。以爲人格者一而已。而豈知其實有數個之人格。隨所遇而見其新陳代謝也哉。此等人格。有互相衝突者。亦有互相對敵者。此爲平時狀態之一例外。而於病理狀態中。最易見之。蓋病理的心理學。對於同一之人。固確認其具有此例。如莫爾普蘭斯及柏耳佳納之所引證皆是也。然其所變化者。乃非知識而感情也。何以故。以感情結合而組成性格故也。

二 革命時代占優勢之性格之要素

革命之際。各種感情大發動之時期也。其平日之鬱伏於社會束縛之下也既久。一旦釋放之。則自由自在奔逸絕塵矣。雖然、社會之束縛。以法律道德遺傳等而成立。非可以全滅者也。故有時仍留存於騷亂之頃。於制止危險感情。多所依賴焉。

社會束縛中之最有力者。則爲民族精神。此精神乃以多數之人。確定共同之觀察感覺與志願。因而構成一種遺傳之習慣。以束縛人人者也。故天下束縛力之強。無逾於習慣者。

民族精神之力。又足以制限國民之變化。夫變化者表面上之事也。其實國民運命。往往繇而發展焉。試以歷史之所記載考之。則法蘭西之精神狀態。殆以近數百年之變化爲極顯著。其始由革命而移於武斷政治。其繼再由武斷政治而返於立君政體。其後又企圖革命。又迎立新皇帝。波譎雲詭。變幻莫測。然驗之實際。則皆不過時局表面上之變化而已。

將欲就一國民可變性之界限而詳論之。其事甚難。可得而研究者。則莫如革命之際。能變化一切人格之感情的勢力。感情之要素。爲憎惡心。爲恐怖心。爲儌倖心。爲嫉妬心。爲虛榮心。爲狂熱心。法之大革命。孰爲之。此勢力爲之而已。試分述之如下。

一憎惡心　法蘭西革命之人物。最富乎憎惡心者也。彼激於感情之發動。乃至對人對法對事物。皆抱一憎惡心。今若研究其心理。則大有可驚者。蓋不僅嫌忌其敵。且並及其同志之黨員。近日某著作家嘗謂革命人物中之足以自豪者。惟有作亂者。無能者。嗜殺者。大言壯語者。以及金錢之奴隸。壓制之豪強而已。彼因憎惡之心。往往幸其敵之災而樂其禍。其後如基隆特黨丹頓黨愛白爾黨羅拔士比黨之黨員。甚至以憎惡而窮窘其同黨。此其事固昭昭可考也。

憎惡心之主要原因。由此等激烈黨員。自命爲眞理之宣傳者。因而傲然睥睨其儕輩。恰如宗教信徒之排斥非信徒然。蓋神祕與感情的信仰。常自視甚尊。而視人甚卑。故威壓力迫之舉動。隨之而起。雖殘殺之慘。所弗恤也。然使革命人物。分離乖裂之憎惡心。爲出於理性之原因者。則其繼續性當甚暫。顧憎惡之心多由神祕的及感情的要因而出。且各黨間無不相同。故其黨員中乃無不有同一之過激性。非可以旋起而旋滅也。

稽之正確之史實。則基隆特黨之殘忍。比之山岳黨。殆無以異。彼其第一宣言。卽以排擊失敗之黨員爲志。此徵之白西翁氏之言而可知者。彼對於九月虐殺事件。不惟不任咎。而且以爲能。此證之奧刺爾之言而可知者。故論其手段。乃合防禦與破壞而並出之。對於敵對者不盡滅之不止。其所認爲敵對者。則又不在於思想之不同。而在於信仰之各異。思想之敵猶可忍。而信仰之敵則決不能容。故凡政治宗教之爭。其失敗者之一方。欲以寬免之典望之制勝者之一方。乃絕對不可能。此殆爲一切暴舉之通例。徵之史乘。歷歷不爽。後有繼者。抑又可知已。

革命之憎惡心。由夫信仰之不同而起。固已。然亦有胚胎於他種感情者。妬羨奢望自營心之類。略一過度。則憎惡心卽隨之而動。而徵之於各黨派間則尤甚。蓋競爭之結果。必如此矣。

抑又聞之。感情上之有憎惡心。雖曰一般心理之所同然。而實爲拉丁人精神組織之要素。何以證之。以法國人之祖先哥爾時代獨立之舉。西札氏之言證之。西札氏之言曰。

法之大都市。必有二種之黨派。出於其間。乃至一郡一村一家。亦隨在有黨派之臭味。故無一年而不有鄰里相仇之事焉。

大抵學術文化之興。爲日尙淺。故感情與信仰。常足以支配一切。而憎惡之心。遂於人類史上占大勢力。此亦人類進化之次第使然。無足怪者。吾又聞諸陸軍教授哥倫少佐之言曰。

憎惡心之於戰爭。實爲一最良之興奮劑。是故普魯士之戰勝拿破崙。以其有憎惡心也。即古來軍隊中壯美之操練。堅忍之作戰。除弗勒得力及拿破崙二氏外。與其謂由於智力。寧謂爲動於感情也。更以近事論之。使法人對於德人而無憎惡心也。則將以一千八百七十年普法之戰。爲恥耶。爲非恥耶。使哥倫氏而評論日俄之戰。則必將曰。日本人之對於俄羅斯人。其憎惡之心最切。此事直可據爲戰捷之一原因。若俄羅斯兵。則幷日本人爲何許人而亦不之知。更何所謂憎惡。斯其敗也宜矣。嗟夫、革命之始。人人以博愛一語。爲口頭禪。至今日而談之者益衆。彼平和主義。人道主義。團結主義等。且爲先進各黨之標幟矣。庸詎知纍纍美名詞之下。乃有無限憎惡心。潛滋暗伏於其間哉。

一恐怖心、　恐怖心之勢力。殆與憎惡心等。蓋革命之運動迭起而環生。一方爲個人之急激性。一方又爲公衆之恐怖心。如此之例。尤不少焉。

方路易十六宣告死刑之際。國約議會議員之威燄。赫赫如也。及市民暴起。驀入議場。向之所謂赫赫者。至此忽懨懨無生氣。觀乎革命時代之議會記事錄。則其所奉爲神聖尊嚴之命令。大率悖謬無條理。將知而爲之耶。抑不得已耶。蓋其畏葸甚矣。

恐怖心傳播之最廣者爲穩健派。彼其時國民議會之議員。公衆檢察官。國民代表。以及革命裁判所之裁判者。種種人物。皆奮鬬於競爭場裏。知進而不知退。而恐怖心則實爲此時一切罪惡之主要原因。不然、則其動作必且大異。於是而革命之局。亦將爲之一變矣。

一傲倖心嫉妬心虛榮心等　此種感情的要素。平時常以社會上之必要而被抑制。例如階級社會時代。傲倖心即無由而起。其一端也。世固有白衣而至卿相。行伍而躋將軍者。然非歷年長久。資望既高。則必不可以倖得。一旦革命既興。而此例破矣。此例一破。則大官高爵。一蹴可幾。雖極微賤者。亦將挾將相寧有種之談以自慰。而傲倖心與虛榮心乃因之意外增長。及其希望卒不得達。則又以爲我何人也彼何人也。而我乃爲之下。於是嫉妬心又繼之而起矣。

嫉妬之勢力。凡革命時代皆有之。而於法之大革命尤甚。法國革命之起。對於貴族之嫉妬心。其一要因也。例如中級人民。其能力財產。雖有時可以匹埒王侯。然欲進而與之同列一階級。則爲終生所不能到之事。而怨望在所不免。設有以平等之說倡者。勢必翕然和之矣。例如加里愛麥拉等。皆國約議會議員也。而嘗以隸屬於貴族之下爲生平大恨。羅蘭夫人於革命以前。隨其母應某貴婦之招。而列坐於僕傭之室。終其生不能忘。又嫉妒心與虛榮心之相緣而起者也。

哲學家黎乏洛爾之言曰。使國民起憤激者。非租稅。非密勅（一七八九年無裁判宣告而執行放逐或禁錮之勅令）亦非政府之濫用職權。非監督官之苛征暴歛。非法庭之曠日彌久。乃貴族所挾之偏見實有以致之。其著明之證據。則以當日煽動市民與農民。使之反對貴族者。皆出自一般嫉視貴族之中級人民也。

拿坡崙之言曰。今之人娓娓談自由。由此不過利用之以爲革命之藉口耳。其實皆以虛榮而革命。非以自由也。

一熱忱　首倡革命者之熱忱。誠不亞於回教之傳道者。當時中級人民之創設第一議會。殆可謂爲創設一種之宗教。彼其夢想。以爲吾將由此破壞舊世界而別於其上建設一新文明依吾定理。宣傳平等博愛等美名詞。使一切人民。永享幸福所謂過去之野蠻時代黑暗時代。皆永不復現。而新世界純理之光輝。行於旦晚見之也。此其熱忱。何等奮發。乃其後又見夫急激之改革。未易以言論收功。遂一變而濟之以暴舉。昔日熱忱。忽焉冷落矣。當是時。謀排斥過去。而過去則時時湧現。欲實睹未來。而未來之進路。動輒爲人民所阻絕。惝恍而不可卽。於是勸之不聽。讓之不顧。乃不得不訴諸暴力。而一以強制出之。夫至於以強制出之。則其對於舊制度也。必又一變其破壞之心。而爲愛惜。嗚呼。此舊制之所以復活也。

所尤當注意者。則其當初之熱心。在革命時代諸議會。雖未能繼續發揮。然軍隊則比較的能持久。而其主力。蓋法國革命之軍隊。其懷抱共和主義。實遠在革命諸議會之前。而其冷落則又遠在諸議會之後也。

檢考本章。則知性格之變化。常緣夫普通之希望。與同一境遇之變化。而結合爲若干同質之心理狀態。吾人觀察其最著之特徵。得以四主性歸結之。曰甲古班的心理狀態。曰神祕的心理狀態。曰革命的心理狀態。曰犯罪的心理狀態。

第二章　神祕的心理狀態與甲古班的心理狀態

一　革命時占優勢之心理狀態之分類

分類之學。乃研究科學所必不可缺者。吾人由是欲將革命時代之各種心理狀態。淸其界限。以示區別。蓋使前章末段所羅列。與本章所欲申述者。界限不淸。而以複雜之原狀研究之。則其解剖也必難。凡人每爲各種論理所指導。其在平日。則雖互相接近而實不相混。吾前旣證明之矣。且於各種事件發起時。往往互相衝突。明示其截然不同。而個人及社會之大變動。卽由是而起。如後文所述。神祕的論理之於甲古班黨心理狀態。未嘗無絕大勢力。然其他感情的集合的理論的種種論理。亦嘗因時因地試其活動。而大占優勢焉。

二　神祕的心理狀態

今姑置感情的理論的集合的諸論理之勢力於不議。而唯就支配古來幾多革命之神祕的要素論之。如法蘭西大革命時代。其尤著焉者也。夫所謂神祕的精神之特徵者。乃以偶像、崇拜物、經文、信條、種種之形式。而使超絕之人物。或其勢力。發展神妙不可思議之靈力者也。

神祕的精神。爲一切宗教信仰與大部分政治信仰之根柢。其力之所及。能使政治信仰者。脫去舊信仰。而從其新信仰。能使羣衆因感情與慾望而發生大活動。例如人之死於義理者鮮矣。然因崇拜神祕的理想。而犧牲其生命者。則比比皆是也。彼法蘭西革命之原理。其起原蓋遠在舊日之宗教信仰。統而觀之。不過舉數百年來祖先遺傳之心理狀態。而一變之耳。

由是觀之。則國約議會之人物。其恣睢暴戾。毫不足怪。彼其心理狀態。固與宗教改革時之新教徒無以異也。如恐怖時代之主要人物。丹頓羅拔士比等。實可視爲宣教者。一如樸羅克脫。因宣傳其信仰之道。破壞僞神之祭壇。而夢想夫全球之皈依其教者也。其奮發之熱情。足以涵蓋世界。其靈妙不可思議之信條。足以顚覆王位。則遂對於諸王爲宣戰之布告。而毫不躊躇。且毅然與歐羅巴各國決戰。蓋強烈之信仰。優於遲疑之信仰遠矣。革命領袖之神祕的精神。蓋無時無地。不顯著焉。不觀夫羅拔士比乎。彼確信自身爲神之所相。其演說之中。乃至斷言神之意自始卽愛共和。彼又以國教大法主之資格。使國約議會議決左記之決議案曰。法國國民。承認神之存在與靈性之不滅。遇神之祭日。彼且試其長時間之演說也。

甲古班黨之倶樂部。以其指導者爲羅拔士比也。故其模倣教會態度亦倍眞。默格昔米里安。說明一種觀念。謂神之在上。如何而福善。如何而禍淫。此外各黨。如有非議甲古班黨者。其得禍又一如非議正教之異教徒。

今羅拔士比死矣。而羅拔士比所代表之神祕的精神。則並不隨羅氏以俱亡。蓋今日法國之政治家中。固不乏與彼同心之人物。舊日之宗教信仰。已不復能約束其心靈。而自樹各種政治信條。以強迫加之於衆。如昔日羅拔士比之所爲。苟殺人而可以傳播其信仰也。則必毅然行之。而無所猶豫。徵諸往事。歷歷可稽。蓋使權衡在握。則其傳播信仰之方。未有不出於此者也。

然此等方面。史家多有未見及者。蓋史家惟知以理論的論理。解釋一切事象。而不自悟其所見之左。又烏知夫宗教改革。乃爲極敬虔之良心。與極勇悍之理論。引起個人之自由省察。因以有此結果哉。何言之、凡震盪世界之信仰。不問爲政治。爲宗教。要莫不有其共通之起原。而以同一之原則行之。其初起也。不特非理論之功。且往往反對一切理論。如佛教、基督教、回教、宗教改革、幻術、神術、社會主義、之類。其信仰雖各異。然吾國敢反復論斷之。而確認其有同一之感情的及神祕的根柢。而支配於非理論的論理之下。非理論之力所能及也。

法國近代政治家之神祕心理。最近某大員所著論文中言之最詳。其言曰。

愛模亞何如人耶。彼非採用制定的信仰（成立宗教）者也。故對於羅馬。對於幾尼伐。對於一切遺傳之定理。與夫一切之教會。

皆咒詛之。排斥之。彼之意。蓋欲掃蕩一切。創設自己固有之教會與宗教裁判耳。其教會之果於斷定。其宗教裁判之偏乎峻酷。固不亞於脫爾開買達(西班牙異教徒之法官以辛辣而有名)也。彼絕對主張無宗教教育。而反對教育之自由。彼之不言火刑。非其本意也。乃以程度問題。而認爲風俗之進步耳。故雖不能直接施刑。而未嘗不欲假苛吏之力。以死刑壓教義。於他人之思想。則惟恐其自由。而於自己之思想。則惟恐其不自由。自視甚高。而視人甚卑。使有與己反對者。則嫉之如仇。不與之同羣。雖一切哲學。苟非彼之所取。則皆詆爲無意義。且有罪惡。曾不一思彼之意想。究竟不過一種假定說耳。乃欲以假定說否定一切神性。而又欲求其力之強與神權等。斯已謬矣。況一

面言否定神怪。一面又以他之形式而肯定之耶。(下略)

要之、吾人不愛自由則已。不然、則不能不希望上述之狂熱家。毋或爲吾人之主權者矣。

三　甲古班的心理狀態

甲古班黨心理狀態一語。本不屬於分類之列。然因其組織之成立。確基於一種眞正之心理狀態。故爲分別論之。甲古班黨之心理狀態。不但能支配當時之革命家已也。逮至今日。且成爲法國政治上最活動之要素矣。夫彼之所以成者。果安在乎。謂神祕的心理狀態。爲其一要因。固矣。然而不僅此也。此外固尙有他種要素參雜其間也。試論之如左。

甲古班黨不自知其爲神祕主義所支配也。而轉自以爲能服從純理。謂純理者。革命行動之唯一指導者也。而後世史家之論甲古班黨。因亦往往囿於唯理觀。一若此外均不足重輕也者。而台奴氏之言則尤甚。彼於甲古班黨之舉動。窮源竟委。一以理論爲歸。而不自知其失。然試一檢其歷來之著述。則可議者固多。而至理名言。亦累累滿紙。今擇其最重要者。錄之如下。

甲古班黨之精神。富乎矯激之自愛心與斷定之議論。此精神之根蔕。爲不朽的。且潛伏的。無論何時何地。皆有之者也。故無論何等社會。使由純理觀之。其動人憤慨者。正自不少。蓋社會之爲物。非依哲學的立法家單純之理想而建設。乃以千百年來之民族。變化複雜。而演成之者。故非理論之事業。而歷史之事業也。然而新理論家則往往厭惡之。痛詆之。何以故。以此等社會。其基礎爲專制的。其建築爲散漫的。其修葺補苴。又爲形式的故也。嗟夫、士之欲有施於社會者。方其問世之始。則既趨入甲古班黨矣。以彼之黨。生於彼時之社會。猶如菌之生於腐敗植物也。不觀於立法議會及國約議會之討論乎。不觀夫基隆特黨及山岳黨之演辭乎。彼其口舌雖強。而意思則弱。議論愈豪。而眞理轉晦。其馳於空想也。蓋亦甚矣。然而甲古班黨之見重於當時者。則又以空想致之。彼謂空想較人生爲尤實在。故一切行動。舉不出空想之範圍。而對於數百萬形而上學之意志。與一致之團結。則又如奏凱歌。如得大捷。因而大發表其固有之言論焉。

台奴氏之言如此。其文辭之美。誠有足多者。惜其於甲古班黨心理之眞相。未嘗參透耳。

眞正甲古班黨之精神。無論在革命時。抑在今日。非有數種之要素。不能成立。試解剖而考察之。則甲古班黨非一種之唯理論者。乃一種之信徒也。非以理論建設信仰。乃以信仰鑄造理論者也。何則。彼唯理論者。第著之於言論。而不能一一驗之於思想與行事者也。

當時甲古班黨之被非難也。間亦有感於正理之言矣。然由今攷之。則其自信力之強。誠未易以理論動之。何以故、以其平日觀測事物。囿於淺近。而不能觀其通。往往爲熱情所左右。而失其抗拒力故也。

然謂理智之微弱。與感情之強烈。遂足以盡甲古班黨之心理狀

態。則又不然。蓋二者之外。尚有他要素焉、

今夫感情之作用。能支持確信而不能創造確信者也。彼甲古班黨之具有強烈的確信也。其支持之者何物耶。無他、神祕的要素而已。甲古班黨固爲一種神祕論者。而以新神代舊神者也。彼且惑乎言辭信條等魔力。而信其力之神妙不可思議者。故無論何等決議。皆不得而搖之。此觀於現時甲古班黨議決之法律而可知者。故甲古班黨之心理狀態。含有感情的及褊狹之性格。以此性格。故一切批判與夫信仰以外之觀感。皆不能發生也。

今夫神祕的及感情的要素之支配甲古班黨也。常驅之使歸於極端之簡單主義。故知有事物之表面關係。而不知有現象之聯絡及其結果。乃至視幻爲眞。謂空皆色。而曾不少一轉想。凡遠慮

卓識之士。所爲沈幾觀變不敢卽動者。由彼黨視之。則皆不妨銳意逕行者也。此其所以誤也。此其所以危也。

彼雖好辯論。而決非本於理智。間或與理智相近。然亦神祕主義之所驅使耳。否則亦感情之所支配耳。如神學家之持進取主義者。與前章所述之加爾文門徒。可云酷肖。蓋其視與己異信仰或反抗之者。皆可殺者也。又似有力之理論家。自以理論爲惟一之指導。而不知另有一種潛勢力。驅迫其後。實則皆神祕主義與感情之奴隸也。是故眞正之理論的甲古班黨。非我人所能解。而理智亦將因之以窮。反之。若神祕的感情的甲古班黨。則固望而可辨者也。如上所述。則微弱之理智也。激急之感情也。強烈之神祕主義也。綜之三者。乃組成甲古班黨心理之眞成分也。

第三章　革命的心理狀態與犯罪的心理狀態

一　革命的心理狀態

神祕的要素。爲甲古班黨心理狀態之一成分。既如前所述。然有時并與革命的心理狀態化合。夫既名之曰革命的。則其定義甚明矣。

人類不能絕對有善而無惡。惟政治亦然。故無論何時何國。其社會上必常有不安不平不定之精神。參綜於其間。此種精神。殆可謂爲人心好亂之一表徵。使其時有一種魔力以播弄之。而誘起其慾望。則遂蠢蠢欲動矣。

此種心理之起原。往往由其內界缺乏涵養力。不能與其所值之境相順應。而外界神祕主義之害。又從而中之。故一發遂不可復制。此爲心理學上之常態。然亦有關於氣質問題。及精神病問題者。

凡騷亂之起。存於心爲慾望。發於事則爲要求。然亦有默示其意。而不必宣之於言者。又有從而破壞此要求者。要其強弱之程度。則大不同。不觀夫俄羅斯之革命乎。以積憤不能洩。而移之於自身。厭世之極。乃至同方同志。交互相殘。例如斯哥普日司及其類似之與黨是也。此等暴亂。概爲被暗示者。而其神祕的精神。則往往爲固定的思想所困。表面之行動雖激烈。而內部之性格則極虛弱。故一遇衝動。卽不能以自制。而神祕的精神。則既爲彼之指導者。亦卽爲彼之革命口實也。

世卽太平。然決不能斷言好亂者之絕跡於社會。惟其國中法律信條習慣種種之權威。尙足以拘束之故鬱伏而不能逞。使拘束力一弛。則鬱者旋洩。伏者盡起。此時遂公然爲擾亂場中之指導者矣。然若問以理由如何。則又茫然不能言其故。惟見其殺害掠奪之劇。愈演愈亟已耳。可不謂危險歟。

雖然、革命精神。非皆趨於極端危險者也。其見爲極端危險者。必其蔽乎感情作用者也。不然、則本乎神祕的衝動者也。苟脫於此二者之外。而一以知識順應之。則是進步之原因也。危險云乎哉。大凡世之日進於文明而能矯正其舊社會者。必爲得力於知識革命者（學界之革命者）之獨立精神。如學術工藝之進步。其主因卽在此。彼加里勒浩。拉伏齊達爾文。巴斯托。實爲智識革命者。此在一般人民。固不易求其人人有此精神。然亦不可不略具一二。

否則終古無進步。又安所覩今日文明之世界哉。

蓋知識革命之心理。與前述心理。(甲古班黨之心理)正立於反對之地位。非破壞的。乃創造的也。試以革命之心理狀態。比之生理狀態。則其事殊相類。生理狀態。固爲人生之必要者。然使失之過激。則又變爲病理狀態矣。此則談革命者所不可不知者也。

二　犯罪的心理狀態

世人第知盛稱文明社會。而不知其由來漸積之久。包羅萬類。良莠不齊。故大都市中。往往合浮浪者。刑餘者。窮極無聊者。游手好閒者。乃至盜竊乞丐之徒。雜然聚處於其間。而搆成一部份犯罪之人民。其在平時。警吏之威。憲兵之力。固得而制之。洎乎革命之際。則法治之用窮。而犯罪者遂因之大逞。而革命軍所恃以爲威力之中心者。亦竟不外此。實則此等人惟知有刦掠耳。殘殺耳。更進言之。則一身之利祿耳。苟可以遂其求。則雖朝秦而暮楚焉可也。何有於主義。何有於旗幟。使語之曰。某事應如何傳播。某事應如何擁護。則奚啻與盜跖談仁義矣。嗟乎、此社會上一極深之病源也。使其不幸而失敗。則雖謂爲社會之幸運。亦豈得謂吾言之過哉。

此外尚有所謂半犯罪者。半犯罪者之犯罪。乃臨時的。非本來的。其本性未嘗不顧念安寧之秩序。非必懷犯罪之決心也。然一被革命潮流所激盪。則往往陷入旋渦。夫以本來之犯罪者。與臨時之犯罪者。相集合而組之爲軍隊。賚之以威力。此其效用果若何。其成功又若何。吾恐擾亂以外。無他可指。彼歷史上種種大慘劇。

非此輩演之而誰演之耶。然而世之革命者。則猶必愛之重之且倚畀之焉。

此等犯罪之人民。不特當大革命時。氣燄之隆。橫絕一世。卽於其後之種種騷亂。亦儼然號稱時代之驕兒。其勢力常占第一位。後世史家。有紀述當時自主人民迫脅議院。侵擾會場之事。而敬重備至者。然試一解剖之。則其所謂自主人民之代表者。除少數樸魯無能。惟其領袖之馬首是瞻者外。其餘皆盜賊類也。而種種罪惡。卽爲此輩一手所釀成。如九月之虐殺。郞巴爾公主之被戕。其一端耳。計自憲法議會時代。以至國約議會時代。其橫厲無前之概。至震駭大會議。而前後十年間。蹂躪及乎全國。向使有術焉。能將當日此等軍隊剷滅。則大革命之進行。必有異於吾所聞者矣。

雖然、此亦理論之談則然耳。其如理論不足以制彼黨。而彼黨乃必欲與理論背道而行何哉。

第四章　革命之羣衆心理

一　羣衆性格之一班

革命者。羣衆心理之結果也。故不論其革命之起原如何。要非印入於羣衆心理之後。則決不能成功。此其中有一定之主要原則焉。不可不察也。

凡人立於社會之上。一方爲個人地位。一方又爲組成羣衆之分子地位。以地位之不同。而性格因之大異。故個人之意識。一入於羣衆之中。則往往失之。何以故。以羣衆爲無意識之人格。故此時惟見有羣衆之心理狀態。而不見有個人之心理狀態。夫此種心理狀態之構成。初不必待之有形之接觸。如生理學上之變化也。有大事變起。則感情客氣。激發於不知不識之中矣。且又不必限諸長時間也。有以頃刻之間。演成一種集合的心理狀態而成爲特別之集合體者。此集合體之特徵。爲輕信心。爲浮動性。爲無主見。爲不明理論。而其尤著者。則爲受無意識要素之支配。此之謂集合的論理。集合心理之特徵如此。故鼓吹此心理者。以臆斷堅忍傳染威嚇諸手段行之。而其應如響。蓋集合體之心理。視天下無不可能之事。不知有眞相。亦不知有實驗。

集合心理之感動性最強。其感情之勃發。雖有善不善之殊。而失之過激則一。革命時代。其尤甚者也。至於輕人言則在平時已極可哂。而一至革命之時。尤如中風發狂。雖誕妄不經信之語。亦共信爲眞。試舉其一例。克力爾門市之附近。有鑛泉焉。世之所謂勝地也。亞塞殷氏嘗於大革命時往遊焉。其導者爲居民所阻。戲語之曰。彼之此來。係奉女王之命。以地雷炸毀克爾門市者也。此不過隨口妄言。而市民竟羣信之以爲眞。轉瞬之間。喧傳殆徧。遂以王族爲人世之惡魔。豈不大可笑哉。

於以知凡人在羣衆之中。其文化程度。已降至極低之地位。性情兇悍。舉動暴橫。殆與野蠻無以異。然亦自有其特殊之點。則勇敢與熱忱是也。彼固合不避罪不畏死之二性而兼有之。惟不避罪。故不畏死。惟不畏死。故亦不避罪。故就知識言。彼固視個人性格爲劣。而就精神及感情言。彼實視個人性格爲優也。

且不特性格爲然。羣衆行動之勢力。亦較個人爲尤強。個人之本性。既以集合而消滅。其變化之神。能使貪者廉。吝者豪。懦者有決心。怯者敢犯罪。故以集合之人而爲陪審員。爲代議士。其所判決之例與議決之案。往往有非單獨之個人所能夢見者。此亦羣衆行動之一著例也。

羣衆勢力之及於個人。其結果又能使一羣之中。感情與意志。皆歸於統一。約言之、卽心理之統一是也。卽因生果。果卽果又生因。此統一之心理。又爲羣衆勢力一助。蓋心理統一。則羣衆行動之傳染力必益強。其所擁護。則羣擁護之。雖有短焉。不足礙也。其所排斥。則羣排斥之。雖有長焉。不爲恕也。至是而心理之統一者。乃演爲感情之一致矣。

如上所指。其爲傳染力之表徵。自不待言。然所謂傳染力。必又有其出發點。此出發點之當事者誰歟。乃卽其行動之主謀者是也。使無主謀者。則羣衆直無定形之塊然一物耳。烏覩其能活動。又烏覩其能由活動而生勢力哉。

今欲明白革命時代之各種要素。而了解革命議會之動作。與其時著名人物之事蹟。則不可不先知關於羣衆心理之定律。蓋羣衆心理爲無意識之要素所支配。時固有心所不欲而口言之。私居所不主張。而於會議場中議決之者也。

關乎此等原則。遠識之政治家。多能燭見之。然而世之度外置之。以爲不足重輕。坐是以釀成傾覆之端者。又比比皆是。如大革命時代。卽以當時君相之昧乎羣衆心理。而自階之厲者也。

二　民族精神之固定性如何而能制止羣衆精神之

動搖耶

今夫一國之國民。猶之羣衆也。其性格雖有時而動搖。而終不能不屈服於民族精神之下。以民族也者。固能繼承其祖先所遺傳之固定性者也。由此固定性。而保存之。而光大之。則於支配羣衆之心理也。不難矣。

雖然、一國之大。人民之衆。其利害好惡之各各不同者勢也。集各各不同之民。而聚之於同一國家之下。夫是以謂之國民。以此點論國民。則又不能謂國民卽羣衆。例如國民大會。屬於社會上之一種階級。而具有統一之形式。如是者可指爲羣衆。而不可概稱爲國民也。

今夫國民之爲物。未嘗無變動性也。且未嘗不以變動性而發爲熱狂。演爲暴舉也。然其變動性之背後。則時時有一民族精神中所特具之保守的本能。潛伏於其間。歷久而不變。試一讀法蘭西革命以來之歷史。其渾灝流轉於國民精神界者。果何物耶。將破壞之精神勝耶。抑保守之精神勝也。其時制度文物。有旋破壞而旋回復者矣。此非保守性之一表徵耶。是故改變一羣衆之精神易。而改變一民族之精神難。於其難改變者而謀改變之。其所持之要素。雖亦不外於臆斷堅忍威力傳染諸作用。然非假之以歲月。托之於間接之機關。則決不能濟。何則、精神之傳染。雖足以普及於全國人。然其傳之也有序。而染之也以漸。大抵自甲而乙。自乙而丙。非可以靡然而遍布也。昔者新教義之及於法蘭西。蓋亦循此道焉耳。

由上所述。則國民精神不易改變者。國民感情亦不易激動。此自然之例也。然亦有時不盡然。例如一事變之突來。確見爲侮辱全國。或關乎存亡危急問題者。則憤激之聲。不崇朝而遍全國矣。大革命時。波倫速克公爵。以不回復路易十六之特權。則必屠巴黎之布告。恫脅其國人。國人大憤。乃至幷其所部之士兵。亦反戈以相向。此固關乎全國民之性格問題。非僅限於一部之羣衆者也。此種感情。不但於法國民見之。卽拿破崙第一征俄征西之役。彼國國民之激憤亦然。蓋羣衆精神爲活動的。故常易分離。而民族精神爲恆久的。故不易磨滅。彼俄民之粗野而散漫無序。世之所公認也。然一聞拿坡崙之侵入。其性格忽大變。無老幼男女。悲憤激越。大有執干戈衛社稷之決心。其時法軍虜俄兵將令服役。必先烙其手。俄兵問故。則告爲隸屬法軍之標識。俄兵遽自斷所烙手擲諸地。且曰。乃公安能隸屬汝。汝持吾手去可耳。又法軍捕俄兵二十人。將殺之矣。先以俄語讀宣告文。若謂汝若乞哀。則尚可得生者。然殺其一而次者不乞哀。殺其次者。又次者仍不乞哀。遞至二十人皆如此。此等性格。苟非植基於固定性者。決不能強致也。此之謂國民精神之特徵。

顧此外尙有一主義。不能不認爲國民精神之特徵者。吾嘗稽之歷史。覺無論何時代。何國家。其國民精神中。皆常有一物焉。以彌綸而充塞之。此物維何。乃卽所謂神祕主義者是也。大抵一般人民。其視鬼神、政府、偉人、一若敻立於人類之上。其威力之大。眞可以旋轉乾坤。而操縱萬彙也者。此種觀念。求之理論。誠無是處。然其神祕之作用。則實足以引起人民極強固之崇拜心、一旦遭逢時變。畏亂之餘。發爲祈想。則必禱祝其所崇拜者之出爲救世主矣。雖然、人民心理之變動。亦與羣衆同。固亦有先崇拜而後詛咒者。亦有先詛咒而後仍崇拜之者。特其變動之速率。不如羣衆之甚耳。此種心理。多對於政治上之人物而見之。吾於克林威爾之歷史。而得一至肖至妙之例焉。

方其傾王室而拒帝冠也。則身死之後。以王禮葬之。此國民心理之第一狀態也。不出二年。遂發其墓而梟其首於議院之門。此國民心理之第二狀態也。至於近日則又爲之鑄銅像以祀之。此國民心理之第三變化也。

三　革命運動指導者之勢力

羣衆之種類。不問其爲同種。爲異種。又不論其爲國民。爲倶樂部。若無指導之首領。則不過無統一無活動之塊然一物而已。吾嘗以心理學上之實驗而證明無意識之集合體。與其指導者。其精神常相聯合。特其先必由指導者以唯一之意志傳之於羣衆。而要求其絕對服從耳。

指導者之鼓動羣衆。常用暗示法。而其成功與否。則繫於其法之巧拙。此等證明之實驗甚多。略述如下。

往者克洛遜教授。就已之生徒。以爲實驗。其言曰。余以蒸溜水入於瓶。以棉包之。藏於箱內。以研究臭氣散出之速度如何。而令各生徒之感臭氣者舉手。余乃注水於棉上。然後取時計以待結果。歷十五秒。而前列各生。悉舉手。至四十秒。而臭氣漸達於後方。諸生之言臭者。約四分之三矣。其中大多數。必爲陷於暗示者無疑。然使余於一分鐘後。不中止實驗。則前列之各生。必將以悶不可耐。而相率避去矣。

因指導者暗示之方法不同。而羣衆之行動。亦隨以異。或歸於平穩。或趨於憤激。或出於犯罪行爲。或奮其壯勇豪氣。而皆適肖其所暗示者。雖有時爲合理之狀態。然其實唯外觀似之耳。實際羣衆之心理。非可以道理範圍之。其能鼓動羣衆之唯一思想者。必本諸感情。而不能求之於理論。革命時代羣衆於基隆特黨、愛比爾黨、丹頓黨及恐怖黨等之成功與失敗。皆一律表示歡迎。即其無理解事象之知識也。

今夫指導者。立於黑幕中而爲活動者也。故遙視之。則其勢力常矇朧不可辨。將欲明其狀態。則不可不詳究其當時之事蹟。如西班牙無政府黨員福愛爾勒處刑之翌日。巴里市民。因少數社會主義者之鼓動。遂至釀成大亂。此亦指導之一實例也。彼時法蘭西之民衆。於福愛爾勒之事。固未曾目見而耳聞也。然以二三指導者之運動。居然誘起國民軍。至欲焚燬西班牙使館。苟非竭力鎭壓。恐其擾亂正未知所底止也。而是時又有足爲其勢力偉大之一證者。則若輩於事後。亦知焚燬使館。其事異常危險。故翌日卽態度一變。而繼之以平和之示威運動。其羣衆雖在激烈暴動之餘。亦復翕然奉令。未之或違。蓋指導者之勢力。與羣衆之服從。實以此事爲最切之一例證矣。

世所稱之歷史學者。由密修勒以至奧拉爾。大率以革命之羣衆。

爲能自動。殆如羣龍之无首。而居然能自在遊行也。其於羣衆之心理。殆未嘗夢見乎。

第五章　革命議會之心理

一　革命議會之心理的特性

政治大議會之最著。者莫如國會。此雖可稱爲一種之羣衆。然此等羣衆。其組織分子中。常有正反對之兩派相對峙。因之時時傾向於感情作用。而活動力遂因之阻滯。此其與羣衆異焉者也。雖然、正反兩派之中。固各有其指導者。且各有其服從指導者。是則團體之性質。各派中已有之。而議會則又集合各種團體而成之者也。是則羣衆心理之統一的原則。雖不能見之於議會。而不難見之於各團體也。

所謂各團體者。質言之卽政黨是也。凡各政黨之意見一致融洽者。唯對於特別之事件始得見之。蓋議會中之各種集合。皆所以代表一單獨之團體。而組織此單獨團體之個人。卽不能不失其個人之資格。故黨員之以服從黨義。而犧牲其確信。犧牲其良心者。乃集合心理中之所常有。無足怪者。當路易第十六處刑之前一日。威爾格奧。非不激烈反對也。而翌日竟投票以表決之矣。此其一證也。

團體之行動。在使不確定之意見。歸於確定。故確信之力。在個人心理雖甚弱。在集合心理則甚強。使有大力者爲之指導。而又鼓之以激烈之熱情。則直不難感動全會中之一切政黨而融合之。使成爲一羣衆。彼國約議會之議員。多被此等指導者之驅使。而決議其個人所反對之決議者也。
均是政黨也。而弱者必屈於強者之下。此無論何時皆然者。吾讀革命議會史。其對於國王發爲炎炎之大言者。議員也。對於暴動之指導者瑟縮不敢動者。亦議員也。此無他、強弱易勢耳。且議會而有羣衆之性格。則其感情亦必如之。有時失之過激者。有時又失之過怯。概言之。則剛吐而柔茹已耳。當路易第十四盛時。對於國會。以簡單之語臨之。而國會之威大挫。迄於路易第十六。皇室凌夷。而憲法會議之燄又一張。降至羅拔士比專政。號爲恐怖時代。而國約議會之權。終至於不能復振。前後數十年間。其狀態凡三變。觀乎議會之特徵。則知彼孱弱之主。當權力失墜之時。而猶欲以召集議會。爲收拾人心之計。直可謂爲心理學上之一種謬想。若路易十六世之以召集三民議會而速亡。顯理第三之以召集三民議會而失位。皆爲此謬想所誤者也。

大抵法國大革命以來之議會。皆以感情用事。而其狀態則愈趨而愈激。憲法議會。其始非不盛唱尊君也。曾幾何時。而待遇路易十六。乃與普通之吏員等矣。國約議會。始亦比較的温和者也。而其後卒演成恐怖時代。又大張權力。使被告者無辨護之權。而嫌疑者有處刑之例。若基隆特黨。若愛比爾黨。若丹頓黨。若羅拔士比黨。其結局乃無不遭慘殺也。

觀於議會中此種感情之趨勢。宜其歸著。每與其最初之目的相反也。彼憲法議會之議員。固加特力教徒也。且王黨也。然其所希望之君憲政體。與其所擁護之宗教。結果皆不能實現。其實現者則共和之成立而已。僧徒之受厄而已。然則世變之奇。夫豈易知哉。

如上所述。政治議會。雖以主張不同之政黨而組織之。然他種組織。則不盡然。例如大革命之際。各種俱樂部。其心理皆有特別研究之價值者也。

二　革命俱樂部之心理

排除一切異分子。而組成同一意見同一信仰同一利害之小集會。其感情必與大議會異。其意志統一之點亦然。例如昔日之地方自治團。修道會。革命時代之俱樂部。第十九世紀前半期之祕密結社。今日之勞働組合。皆屬於此類。

欲知法國革命之變遷。則不可不詳究異性集合之議會與同性集合之俱樂部。二者所以不同之點。俱樂部意志統一之原因。爲分子之有同而無異。固已。然此等集合。亦與羣衆同其原則。同其原則。則又當然受指導者之支配。其例蓋於羅拔士比所統率之甲古班黨俱樂部見之。

凡同性羣衆之俱樂部。其統率者之責任。較之異性羣衆之統率者。尤爲艱重。何則、統率異性者。揭示大綱而已足。而俱樂部之同性集合。則感情利害。皆爲同一。御之不得其術。往往統率者變爲被統率者。

同性集合之占大勢力。由其不立名義。一千八百七十一年。曾有以一無名之命令。而使巴里市中。演縱火之劇者。卽現代勞働組合之無名首領。其所發之命令。皆極不條理者也。而獨能聳動其羣。若大革命時代。民軍侵擾議會之出於無名之命令。則尤著。當日督政官內閣。鑒於民軍之變。遂以兵力制止之。而閉鎖俱樂部。國約議會。亦有見於同性集團對於異性集團之占優勝。而分設各種委員會。有所謂公安委員會出入委員會者。於是大議會之中。遂隱然形成多數之小議會。然其權力則每爲俱樂部之權力所阻抑。

由是以觀。則各團體於團員之意志。其勢力可知焉。同性團體。則其活動力強。異性團體。則其活動力弱。此通例也。然有時以異性而強者。是必因一議會中強健之政黨。其力足以支配微弱者。否則其感情之傳染。普及於議員全體也。此其例嘗於大革命時代見之。八月四日之夜。貴族中依一人之提議。而議決拋棄封建時代之特權。此在個人。恐無一肯拋棄之者。然當議會全體活動之時。則居然能以一言決之。此其故可思矣。

三　議會感情之漸進的過激性之解說

今試就集合的感情。依精確之定量法而計之。譬之曲線。其初出發時頗緩。漸進則急速上昇。而後自上直下成垂直線。此爲曲線之方程式。而集合感情之爲恆久的原因所衝動而生變化者。其式亦如之。

欲解釋此等變化方程式。其事至不易。然使心理的原則。而可以物理學之原則例之。則使活動之力。繼續不變。足以增加感情之熱度。例如重力之於物體。使其大小方向不變。則可使之爲加速之運動。故凡物體由重力而落於地上時。最初之一秒時間。其速力約三十二英尺。次之一秒時間。約六十四英尺。又次之一秒時間。約九十六英尺。以此類推。物體之落下。其起點苟爲極高之處。則歷時愈久者。速度必愈強。知此。則恆久的衝動之影響於感情者。其促進之法如何。當不難舉一而反三。然促進之事象有時而停止者。則又不屬於此原則之範圍。其停止之理由。不求之生理的解說。則不能明。夫苦樂之感。不可失中。使衝動過乎急激。則感覺必因之萎靡。此人體組織之共同性也。彼議會中或種感情之忽長而忽消者。其例亦然。今使議會中之一政黨。以威力占優勢。則他政黨之感情。必爲此威力所拘束。而不能自由發展。反之而優勢者之地位或有動搖。則前之被拘束者。至是又必出而代之。此徵之六月以後之山岳黨。而可知者也。要之。將支配物質現象之原則。與支配感情及神祕要素之進化之原則。兩相比較。卽能得其類似。而欲求精確。則請俟諸異日。

元1653(三) 11-5-16